名师成长轨迹访谈录

俞正强：低头找幸福

王永红◎编著

郭 华／主编

教育科学出版社

·北京·

教育的意义在于让学生
有能力成为最优秀的自己.

俞正强

教育是一门艺术

　　许多人说，教育是一门科学，又是一门艺术。我更觉得教育是一门艺术。科学是有规律可循的，科学活动必须遵循一定的规则，而且科学的真理是可以重复的。但是教育不同。教育虽然也有规律，教育活动也需要遵循一定的规则，但教育的对象是人，人的一个特征是多样性、差异性、个性化，对不同人的教育要采用不同的方式，因而教育有法，没有定法，需要因人而异，随机应变。教育更像艺术，艺术也有法则，但不拘泥于法则，更多的是创造，一幅画、一首歌都不是重复的，而是不断创新的。教育的每一堂课，对待每一个儿童也不能重复，需要不断的创造。

　　我看了"名师成长轨迹访谈录"，更坚定我认为教育是一门艺术的信念。林良富老师是一位智慧型的教师，既能宏观把握又能脚踏实地，处处显示出他的教育智慧；刘永宽老师潇洒大气，在不懈的追求中推陈出新；俞正强老师在平淡中显心智，在朴实中表现美；金莹老师喜欢琢磨，把每一堂课都上得完美；邱向理老师大处着眼，小处着手，总能捕捉到教育的细节，关注学生。他们中，有的老师以严肃认真见长，有的老师以诙谐生动见趣，有的老师以细腻关爱感人，个个老师的风然都不一样，就像一幅幅美丽的图画展现在我们面前。这不是艺术是什么？

其中也有一个很奇怪的现象，这些名师都说自己当初并不想当教师。都是无奈的选择。这说明教师在人们心目中还不是"太阳底下最光辉的职业"。但是他们后来却都成为了名师！为什么？他们都说是责任，是对孩子成长的责任、对民族未来的责任，促进他们不断钻研，不断创造。但是，我还想说，因为教育是艺术，有无尽的创造力在吸引着教师。我们每一个人只要走进艺术的殿堂，总会被一件件艺术品所吸引，被他们的艺术创造所震撼。学校就是艺术殿堂，儿童就是一件件艺术品，他们吸引着我们去创造。

教育是艺术，让我们每一位老师都用自己的心和情来画出你的最美丽的画卷！

2007 年国庆前夕于北京求是书屋

（顾明远：中国教育学会会长，北京师范大学教授）

我看名师成长

　　三百六十行，行行出状元。在各行各业中有各种名家，如名作家、名企业家、名演员、名医、名师……这个"名"不是停留在人的口上，而是种植于人的心中，为人们所认可和称道的。浙江刘永宽、林良富、俞正强、金莹和邱向理五位小学数学名师，成名于他们的不惑之年，被称为第二代名师。不少听过他们的课、读过他们的著作或文章的同行，往往为其精彩的教学和深邃的教育理念所折服。究竟这五位名师是怎样走过来的，读了这几本由北京师范大学教育学院教授带领研究生编写的，真实而又富有人生哲理的"名师成长轨迹访谈录"，会给我们以启迪。

　　他们并不特殊，很普通，很平凡。他们大多是农家子弟，有的从小立志当教师，而更多人"从教"之理乃是——无奈选择、机缘巧合、子顶父职。但是一踏进校门，他们就被这些天真无瑕的孩子们所吸引，爱上了这个事业，一干就是几十年，而且乐此不疲。

对小学教育的执著追求

　　小学教育是基础教育的奠基工程，小学教师是人类启蒙的灵魂工程师。当小学教师不易，当好的小学教师更难。

在五位名师走过的几十年教学生涯中，他们经历了不少挫折和失败，饱尝了甜酸苦辣，但是总是认真探索，执著追求，无私奉献，无怨无悔。他们把学生的点滴进步、自己教学的成功片段都视为最大的幸福，并在为小学教育事业默默奉献的同时，体尝到实现自己人生价值的乐趣。

用爱心浇灌学生，创设学生喜爱的数学课堂

教师对学生的爱是伟大而自然的。五位名师都有一颗热爱孩子的真心，他们能"走进"学生的心扉，想学生之所想，乐学生之所乐，并给学生以充分的信任、关怀和尊重。在他们眼里没有"差生"，没有教不好的学生，有教无类，因材施教，促使全体学生能在各自的基础上得到长足的发展。

数学是相当抽象甚至是枯燥的。在数学教学中他们成功的最大秘诀是"让孩子们喜欢我"，亲其师而信其道，进而喜欢上数学课。由于他们是用"心"去教学，充分利用小学生已有的经验，引导大家动口、动手、动脑，在活动中学习数学，把数学变为看得见、摸得着、用得上的学科，使学生感到"数学好玩"，数学就在自己身边，并由"学会"到"会学"，由"会学"到"乐学"。一句话，创造了学生喜爱的数学课堂。

讲求实效，上好每一节课

2001年全国开展了基础教育课程改革，课改来势很猛。课改对每一位教师来说，既是一次机遇，更是一次挑战。对课改，他们首先是认真学习，接着是积极实验，但不跟风，保持了这个年龄段和层次的人应有的理性态度。他们知道，课堂教学是教育的主渠道，学生的数学才能是要通过多少个40分钟一点一滴地培养出来的，自己必须上好每一节课。随着教育观念的更新，课堂教学也必须与时俱进，即使是同一位教师教同一个教学内容，前后的教学设计与构想也往往不同。他们在不断地否定自己，挑战自己，超越自己，完善自己。课一次比一次上得成功，一次比一次上得精彩。他们的课堂教学可以用四个字来概括：实（扎实）、活（灵活）、新（新颖）、厚（厚重）。更值得一提的是，不管情境怎么设计，学习方式怎样改变，在40分钟里都紧紧地突出数学的本质东西，把数学的"根"留住。以平常心对待课改，按教育规律办事，课堂教学讲求实效，这就是数学名师的素养。

各自形成自己独有的教学风格

教学是科学，科学的真谛在于求真；教学是艺术，艺术的真谛在于创新，一堂好课往往是科学与艺术的有机结合。鉴于多年教学经验的积淀和升华，名师们都已形成了各自的独特的教学风格。他们的课，有的是朴素平实，平实中见功底，大气潇洒，大气中透灵气，真是留有尾声听余音，使人回味无穷；有的是清晰而细腻，流畅又完美，恰似师生合奏的和谐乐章；有的是简洁严谨，丝丝入扣，含而不露，引而不发，达到与学生思维共振、情感共鸣之效；有的时而奇峰突起，引人入胜，时而妙趣横生，扣人心弦，颇有无限风光在险峰之势……他们的教学风格各异，却都能把数学课上实、上活，教得轻松，学得愉快，使听课的同行感到是一种美的享受。

勤学多思，加强理论学习，提高专业素质

"学而不思则罔，思而不学则殆。"勤学多思乃是每一个教师成长的必要条件。在此瞬息万变的信息化时代，要想适应现代教育的要求，必须不断"充电"。除了参加培训、进修以外，更重要的要坚持读书，挤出时间读书，而且要带着问题读，要读专业书、教育理论书，把自己积累的教学实践经验提升到理论高度，再用教育理论来指导自己的教学实践，使专业素质发生质的飞跃。事实已经证明，勤思多学正是名师成功的一个重要原因。

利用"十一"长假，读完了"名师成长轨迹访谈录"书稿，颇有感触。记下一些感想和体会，权以此为序。

2007 年 10 月 7 日

（周玉仁：著名小学数学教育专家，北京师范大学教育学院教授。现任教育部中小学教材审查委员，中国教育学会小学数学教学专业委员会顾问，《小学数学教育》杂志副主任委员）

面向实践，提升
有价值的教育经验

　　真正的理论一定是与实践有着血脉联系的，是有实践解释力和生命力的。

　　从 2001 年 3 月建院初期开始，北京师范大学教育学院就逐步确立了以不断提高三种能力为核心的发展战略。这三种能力是：解释问题的能力、解决问题的能力和国际化的能力。解释问题主要表现为教育基本理论和基础学科的研究，解决问题主要表现为应用理论研究和应用研究与开发，国际化则主要表现为国际间的学术交流和学术传播。

　　由于北京师范大学教育学科的历史和积淀，第一和第三种能力的提高有着很好的基础，相对而言，由于种种原因，在面向教育实践、解决现实教育问题的研究和开发方面，我们仍有许多工作要做，我们面临着许多新的课题和问题。为此，从 2001 年以来，北京师范大学教育学院一方面致力于以组织的名义与教育行政部门合作，为宏观教育决策提供智力支持，与此同时，先后与各地中小学建立了不同形式的合作关系，在一些地区建立教育实验基地，承担中小学委托的课题研究，并开发了若干校长和骨干教师培训产品，开展高端的教育培训。

　　在几年的培训实践过程中，我们逐渐地意识到，接受培训的对象与我们在高校中所面对的学生是完全不同的群体，他们不仅具有在学的学生所不具备的经验和阅历，而且有着完全不同的需要和学习动机。为了解决这些问题，我们先后在培训的方式和内容上做了大幅度的改变。结果发现这些改变仍然难以完全满足我们所培训的对象的需要。

正当我们感到困惑的时候，2005 年 10 月，浙江省教育厅委托我们承担"浙江省中小学骨干教师高级访问学者"的培训任务。与以往我们所承接的培训任务不同的是，这次培训持续的时间很长，接受培训的教师学科背景非常复杂。这对我们是一个非常大的挑战。经过深入的讨论和思考，我们逐步意识到，作为培训者，我们首先应当转变观念和角色。高端的教育培训在形式上是一种培训，而本质上是一种教师和教育管理干部的专业提升和促进。所以，我们在一般的培训内容之外，致力于探索新的"培训"途径。在与参加培训的教师的交往中，我们注意到，有不少教师不仅具有丰富的实践经验，而且善于思考，常有新颖之见。只是因为平时巨大的工作压力和所受到的学术训练的局限，使他们很难有时间和精力把自己所做、所思、所想系统地整理、总结出来，形成系统的成果，并上升到理论的高度。这使我们"豁然开朗"，使我们思索多时的难题迎刃而解。所谓促进教师的专业发展，所谓大学与中小学合作，固然有许多途径，但从大学的角度看，最为重要的途径就是运用自身的学术资源和优势为中小学教师的专业发展搭建平台，使他们在更高的起点上持续发展，同时也全面提升教育理论工作者关注中小学教师专业成长和中小学教学实践的能力，释放大学对于基础教育真挚关注的实践情怀和浓厚的理论热情。

2006 年 11 月，经过较长时间的精心筹划和准备，由我院几位教授组成的专家组到杭州现场观摩了几位访问学者的课堂教学。在这次观摩中，我们的教授感动于几位教师对教学的热爱所表现出的精湛的教学艺术、对教学的独到而深刻的见解以及强烈的个人魅力。经过不断的探讨和多方面的准备，几位教授于 2007 年暑假赴杭州、宁波等地，与我们精心选定的几位中小学特级教师合作，通过个别访谈、集体访谈和调查等方式，对这几位教师进行全方位的研究，对他们的经验和成果进行了认真的梳理和提炼，编辑了五本著作，集成为"名师成长轨迹访谈录"丛书，力图全面反映和挖掘这几位教师丰富的教育教学和管理经验，并加以理论的提升。我们相信，从这项工作中，教育理论工作者和中小学教师都受益颇多。对中小学教师而言，多年积累的经验一旦经过认真和深刻的反思、提炼，将成为他们今后专业发展的重要动力。同时，教育理论工作者也从中小学教师那里学到了在书本中很难学到、在抽象的理论思考中很难得到的东西。我们希望，这些经过系统提升和凝练的具体的个体经验能够成为具有普遍意义的教育教学成果，使更多的中小学教师能从他们的实践中获得教益。我们也希望，通过有关方面的共同努力，在今后几年中，能继续推出更多的优秀中小学教师的成功经验，为我国基础教育的改革和发展作出贡献。

感谢浙江省教育厅、浙江省高校教师培训中心为我们提供了一次很好的机会，感谢这几位教师所在地区和学校的领导，感谢教育科学出版社的领导和编辑为这项工作所提供的大力支持。

2007 年 10 月 7 日

（张斌贤：北京师范大学教育学院教授、院长，全国教育硕士专业学位教育指导委员会秘书长）

目　录

引　言
低下头来找幸福

假设一位教师，从未参加过任何教学比赛，也没有拿过任何奖项，他是否有机会获得特级教师的荣誉称号，成为一名星光熠熠的名师呢？

大多数人也许会说，这不可能。是啊，在我们周围，哪个名师不是参加过各种各样的比赛，拿过各种各样的大奖？哪个名师的成长不是一路的掌声和鲜花相伴？

然而，在浙江金华就有这么一位名师：他是农家子弟，没有优越的社会背景；年少时，做老师不是他的志向；初为人师，也并不得领导的赏识；在成为特级教师前，没有参加过任何大的教学比赛，没有拿过一个大的教学奖项。

就是这样一个人，如今在浙江小学数学领域颇有名气。在浙江教育学院吴卫东教授眼里，这位老师甚至是很有希望走向国际的名师。他就是浙江省金华市站前小学的数学特级教师俞正强。在很多人看来，俞正强能成为名师多少有些不可思议。他究竟有什么本事，能获得如此高的赞誉和名声呢？

2007 年的 7 月 8 日，我也是带着这样的好奇心开始对俞老师进行访谈的。

俞老师给我们的回答是：做出来的。

多么朴实的回答啊！可不是吗，没有任何背景，再不努力工作，像俞老师这种条件的人怎么能脱颖而出呢？

俞老师说：虽然我不怎么热爱教师这个职业，但我有责任心。一走进教室，我想的就是要把书教好。虽然领导不怎么赏识我，但学生给我的动力更大。

　　俞老师就是这么朴实的一个人。语言很朴实，没有什么豪言壮语，没有一点矫揉造作，也没有什么名师的派头。俞老师长得也很朴实，不是那种看上去就很有魅力的人。俞老师的课也上得很朴实。没有华丽的手段，很少用多媒体，大多数时候就是一支粉笔到底。然而，听过他的课的人又都说他的数学课很美，是一种朴素的、安静的、灵性的、智慧的美。

　　访谈中，我们也发现，一谈起话来，俞老师的魅力便自然释放出来了。他略带地方口音，有时叙述发生在他的教学生涯里的种种趣事，引得听者不由得开怀大笑；有时阐释他的种种"谬论"，让听者觉得就像在上一堂人生哲理课，接受着一种人生哲学的洗礼。

　　他的思维充满了创意。他总是在曲径之处将人带入洞天之境。他就像一个野外生存探险者，最擅长在又险又绝的地方行走。有人说俞老师的课能让孩子越来越聪明。

　　俞老师也很平凡，和千千万万普通教师一样，教书、读书、思考和写作是他生活的主要内容。俞老师能成名，主要是他教书很用心，读书比一般人多，思考的问题比一般人深，写的文章比一般人好。

　　俞老师说："有很多人老是抬头看高处，希望从那里得到幸福。其实幸福就在身边，低头就能找到。我就是低头找幸福的人。"

1986—1998　平平淡淡才是真

　　1986 年，俞正强 18 岁。他以一名小学数学教师的身份，踏入社会，开始了他的职业生涯。

　　1986 年至 1998 年，12 年的时间，没有什么轰轰烈烈的事迹，就是教书，读书，看起来非常平淡，但这却是生活的真味。

　　在这 12 年里，俞正强用心积淀了影响他一生的心智财富。那些来自学生的感悟，来自阅读的给养，极大地丰富了他的精神生活，让他的思想变得成熟、深刻。

与学生聊天是一种很享受的事情

第一章
谢谢你，我的学生

了解学生、尊重学生、热爱学生，是对从事教师职业的人的一个道德素质要求。

　　不过，热爱学生不是简单地喜欢学生。因为"喜欢儿童这种现象，不仅教师身上有，而且在一般的成年人身上也常会看到"。"可是，教师要一连好几年地对同一批学生进行教学和教育，所以对儿童的爱就具有一些特殊的表现形式。"① 要成为一名优秀教师，仅有一般的喜爱儿童之情，显然是不够的。

　　无论是在课堂上，还是在其他的交往活动中，俞老师细致地观察着学生，真诚地和学生聊天，敏锐地感受着学生的情感。他和他的学生之间的关系充满着人与人之间真正的温暖。俞老师对学生的真挚谢意，表露了他对学生深沉的教育之爱。

　　① 赞科夫. 和教师的谈话 [M]. 杜殿坤，译. 北京：教育科学出版社，1980：28-29.

◎ 只要有责任感就能教好书

【访谈者，以下简称"访"】 您什么时候读的师范？读师范对您有什么影响？

【俞正强，以下简称"俞"】 我是 1983 年初中毕业考进师范的。因为我英语学得不好，爸爸妈妈担心我考不上大学，就要我报考了师范。当时我个人是很不情愿的，因为读师范给人的感觉就是没有什么前程。人的一辈子，好像一眼就看到头了。而且我自己也不甘心就当一个小学教师。当时也是没有别的选择，就这样读了师范。读师范以后呢，我的心情也不好，就看了很多书。到毕业的时候，因为成绩好，就被分在金华师范附属小学教书。1986 年我毕业的时候，社会上正流行下海，很少有人愿意当教师。那时的年轻人，要是当了教师，连老婆都很难找。说实话，那时教师的社会地位真的不算高。

到 1988 年，我们一起读师范的同学几乎都下海了。毕业十周年（即 1996 年）聚会的时候，我们班 23 个男同学，还有 4 个在教书，其中有 3 个教中学，在小学教书的就剩我一个了。其他的同学几乎都离开了教师岗位，转行干别的去了。我当时也不想教书了，可是我妈妈不让我辞职，希望我继续教，我也就坚持下来了。

现在有些人说，一个人必须热爱教学才能教好书。我个人觉得也不是非这样不可。我就不是一直很爱教书的。其实人不一定要很热爱才能教好书，我觉得只要有责任感就能教好书。我是属于很有责任感的人。我可以不爱教书，但只要我一走进教室，我就不能不教好书。我觉得教书可以带来很多让人很高兴的东西。

访谈手记

俞老师的这番话一下子就把我们的思绪拉回到上个世纪 80 年代中期。那时，我们国家进入改革的第二个阶段，经济体制开始从计划经济转入商品经济（当时还不敢提"市场经济"这个概念），改革阵地从农村转移到城市，改革开放的力度加大。社会上脑体倒挂现象严重，到处流行着"卖原子弹的不如卖茶叶蛋的""从政之路红彤彤，经商之路金灿灿，从教之路黑沉沉"这类的说法，中小学教师流失严重。

当时，凡是有志向的青年，主动选择去做教师的还是很少的。读师范的学子，绝大多数都来自农村。他们有才识，有理想，有追求，他们更肩负着改变家庭命运的重任。在这批人身上，我们看到，无论做什么事，责任感都胜过个人的意愿。

◎ 学生对我影响很大

【访】在您的成长过程中，谁对您的影响最大？

【俞】一个人的成长是由许许多多帮助支撑着的，在成长中给我帮助的、让我感恩于心的人太多了，而每一个帮助都重要无比。一开始应该说我的父母给了我很大的影响，是他们养育并支持我选择教书的。而我能够坚持在教学岗位上耕耘并乐此不疲，应归功于我的妻子，她的信任与关爱是无与伦比的，要知道，在我们年轻的时候，小学老师娶妻是比较困难的，而我的妻子是女教师，美丽而书香，属于很吃香的。但是，如果说到课堂教学，我觉得学生对我影响是非常大的。在我发表过的文章里，写过几个这方面的小故事。虽然那时我的校长很不喜欢我，但我教书好，所以他对我也很宽容。

【访】校长为什么不喜欢您？

【俞】我刚毕业的时候，我班上有几个数学差的学生。我就想办法帮助他们提高。那个时候，我个人在教学方面还没有掌握现在这么多科学知识，遇到这样的问题就知道补课。然后，我就利用课余时间给他们补课。补着，补着，就发现这个办法行不通了。后来，我在一本书上看到一个方法。这个方法教人用扑克牌来训练孩子的思维、计算速度和对数字的感知能力。我觉得这个方法不错。然后，我就把这个方法用在了这几个孩子身上。一天，我对他们说："你们中午留下来，咱们一起玩扑克牌。"他们听了都很高兴。那时候也不流行家教什么的，中午把学生留下来，还得和家长商量，家长同意了才能做。就这样，中午有三四个学生留下来，我陪他们一起练。我统计了一下，这些孩子把整副牌加起来所用的时间，一开始是5分30多秒。经过训练，最后只用2分多钟就把所有的牌加起来了。这个速度是很快的了，因为我们大人一般都达不到这个速度。通过训练，这些小朋友对数的感知能力、对数的瞬时记忆能力和计算能力都提高了。这说明这个方法很有效。

巧的是，有一天，我正在办公室和这些孩子玩扑克，有个副校长经过办公室，看见了我们，他示意我出来，我就出来了。然后，他问我："你在干什么？"我说："我在给这几个小朋友补课。"他说："补课？你在补课？别乱搞，别乱搞。"然后，就走掉了。到了周一学校开大会的时候，校长不点名地批评了我，说："有的老师，中午的时候，把小朋友叫到办公室打扑克！这种事情竟然发生在我们老师身上，我们的老师也太不像话了吧！"从那以后，校长对我印象就不怎么好了。

【访】校长不喜欢您，影响到您了吗？

【俞】当然有影响了，我不能再继续和学生玩扑克了。不过，我还可以想其他的办法。只要学生的成绩好了，校长也是很喜欢的。

不过，学生对我的影响还是最大的，我写过一首诗，就叫《谢谢你，我的学生》。

【访】这首诗还能找得到吗？

【俞】已经是很久以前的事了，恐怕找不到了。

✒ 访谈手记

尽管这首诗找不到了，但接下来，俞老师讲了几个发生在他和他的学生身上的小故事。从这几个小故事上，我们可以感受到学生对俞老师的思想和行为的影响有多深。俞老师说，他经常向人们讲这几个故事，因为它们给他的印象实在是太深了。这些学生留给他的真的是一种刻骨铭心的记忆。对学生，他永远都心怀感激。

第一个小故事：老师，你进步了吗？

【访】说说发生在您和您的学生身上的那几个小故事。

【俞】第一个故事发生在我教书的第三年。那时，我做班主任，每个学期结束的时候，我都喜欢问小朋友一个问题："一个学期下来了，你跟我说说你有什么进步啊？"我要求每个人最多说一两分钟。小朋友们就说呀说。一个小女孩举手，我把她叫起来，我问她："你有什么事啊？"她说："俞老师，我不敢说，我说了怕你不高兴。哎，我看还是不说算了。"我说："不可以的。我们之间还有什么不可以说的呢？俞老师对你们是知无不言言无不尽，你们也应对俞老师这样。"于是她就问："俞老师，那你说说，一个学期下来，你有什么进步啊？"哎呀！本来是我问小朋友的问题，结果她这么反过来一问，嗬！那些小朋友的眼睛就像放电一样"刷"地射过来了。我感觉就好像有很多灯聚焦在我身上，那时我有种发昏的感觉。所以，我发现老师有一个误区，老是想着问学生：你进步了没有？其实，我们经常忘记问自己："我进步了没有？"

【访】这是几年级的孩子？

【俞】四年级的。我当时就有发昏的感觉，心想今天完了。这个班我带了一年了，小朋友都很喜欢我。那时我想，如果我的进步不大，只是一点点的话，小朋友听了，可能就对我不感兴趣，就没有那么喜欢我，不再佩服我了，那肯定是不可以的。如果说进步很大，可我又觉得自己也没有很大的进步啊，毕竟这才是我教书第三年。正好，那节课也快结束了，我就耍了个滑头，对学生们说："时间差不多了，让老师把这个问题作为家庭作业带回去，明天向大家汇报，好不好？"小朋友们很不情愿地摇摇头。哼哼！他们其实也很喜欢看老师的笑话的。（呵呵）

访谈手记

听俞老师讲这段故事，感觉在他内心深处藏着一颗未泯的童心。他和他的学生们之间的交往是那么的平等、和谐又有趣。孩子的问题提得很意外，也很莽撞。而俞老师对这个问题的感受也很敏锐。他意识到这是一个很有意义的问题，并准备认真地给予回答。

【俞】那天晚上，真的，我人生当中第一次认真思考这个问题，我进步了没有？作为老师，我一年应该有哪些进步？作为一名老师，我怎么向学生交代？那时不像现在这样提倡教学反思，也不讲什么专业发展，一般教师教书也就是求个养家糊口，不怎么想个人的发展问题。啊——，这个孩子给我提的这个问题给我印象太深刻了。

第二天早上的第一节课就是数学课。一上课，我就对学生说："同学们，你们昨天问的那个问题还记得吧？""记得！"学生们回答得很响亮。"那你们说说看，俞老师这学期有什么进步，因为我不知道自己有啥进步。"我问他们。然后，有的学生就说："俞老师，我发现你的普通话进步了不少，以前你讲课有好几句话我们听不懂，现在就能全部听懂了。"有的说："你还有一个进步就是，以前有打骂我们的时候，现在不打骂了，还经常搓搓我们的脑袋，这让我们很舒服。"……我听学生们你一言我一语的，真的很感动。我说："我教你们一年了，昨天你们提的问题，我老实跟你们讲，我想了一个晚上，我想不出自己有什么地方进步了。但是今天你们讲了我这么多的进步，老师很感动。你们让我明白了一个道理，老师其实也是要进步的。"

教学相长，其实是一个很重要的事情。我从心底里感激我的学生。就这个故事，我写过一篇文章，题目就是"老师，你进步了吗？"。

✎ 访谈手记

看到这里，我相信，你会跟我一样感动。孩子的眼光是如此的敏锐，情感世界是如此的丰富！连老师自己都说不出来的变化，他们居然都能具体地说出来。在他们眼里，老师的一言一行是多么重要啊！更关键的是，作为一名教师，俞老师本人也有着细腻丰富的情感世界。正因为如此，他才能感受到学生给予他的关心和爱心，才能被学生打动，并真诚地将这种情感表达出来。

俞老师的学生提出的这个问题，是很值得我们教师铭记的。教师和学生一样，都是要成长的。然而，很多时候，我们在要求学生进步的时候，忘记了自己也是要成长、要进步的。教师的专业发展是一个和学生共同成长和进步的过程。

第二个小故事："如果你能让他们忘记吵，算你厉害！"

【俞】还有一个事情，也很能说明这一点：是我的学生让我进步。小孩子嘛，上课总是要吵的。那时我也年轻，上课一遇到学生吵，我就很生气。后来，我想了一个办法，不是上课他要吵，要打断我上课吗？我就给他们立了一个规矩：上课讲话不要紧的，但不要吵到让我停下来维持课堂纪律。让我停下来也不要紧，但不能让我一堂课上停三次（因为这样就没法上课了）。如果停三次的话，那我就罚全班放学后在教室里静坐 15 分钟。这是我跟他们讲好的，他们也没其他好的解决办法。可能想想也是应该的。课堂上这么吵，那些想学习的学生也是很烦的。

有一天，真的有个小朋友让我一堂课上停下来三次。我说："好，第三次停下来了，要组织纪律啊。今天放学后，大家要留下来静坐。"到了下午，学生们就乖乖地留下来静坐了。那天我很得意，觉得自己的这个办法很聪明。

等我让他们回家的时候，一个小朋友拿着一个作业本过来了。"咦?"我很惊讶，"你怎么把作业拿来了，你们今天又没做作业。你为什么把这个本子交给我?"她说："俞老师，你看看，你看看。"说完，她就跑走了。她走后，我打开作业本，一下子就看见她在本子上写了这样一句话："老师，您是在浪费我们的时间!"

这怎么会是浪费时间呢? 我在这个孩子的作业上批复："好的纪律是好的学习的前提，可爱的小姐!"第二天她给我的回复是这样写的："俞老师，如果你能让他们忘记吵，算你厉害!"唉，我当时看了这句话，马上就有一种很复杂的感觉，这种感觉是说不出来的。我觉得学生看不起我。她的潜台词好像是："你有什么了不起? 你有本领，就让学生忘记吵。"那天我想了很多。她给我的警示是：老师啊，不要凭着自己的权威一味地要求学生"你要听，你要听"，你有没想过，你讲得好不好听。如果你讲得不好，你凭什么要求学生? 这件事对我的教育实在是太大了。我以前从来没这样反思过。我总是认为，学习是学生自己的事情，学不学都是学生自己的事情。反正我上课是很认真地去讲的，你不听就是你的责任。这种思想其实是很不对的，作为老师，让学生在课堂上忘记吵是他的一个重要任务。因为学生还是孩子，不是大人，他们的自律能力很差，他们，是要吵的，要动的。如果教师讲得很精彩，他们就会在课堂上忘记吵，讲得不精彩他们才会吵。

像这种情况，有的老师可能把作业本一扔，说她两句也就过去了。我呢，可能就有这么一种素质，愿意接受学生的帮助。这个关键事件给我的影响是：以前我只想着应该怎样上课，现在我想的是应该怎样把课上好。

所以，我说是谁在帮助我成长，是学生。学生始终是我们的老师。他们就在突然之中像一道闪电裂开了你的脑子，让你一下子得到不少感悟。这种感觉有点像佛教的"当头棒喝"，让你醍醐灌顶。

访谈手记

应该说，俞老师是一个很敏感的人。就像他自己说的，有的老师看见学生作业本上的话或许就把作业本一扔，说两句就过去了。而俞老师不是这样的人，因为他很敏感，所以学生的话能给他一种劈开大脑的感觉。从学生的一句话里，他能感悟到很多教学的道理。说学生对他的帮助最大，一点都不夸张。那的确是发自俞老师内心的、真诚的感受。

俞老师说，愿意接受学生的帮助是一种素质。我们在教师素质理论里是找不到这一条原则的。但俞老师的这句经验之谈相信您也一样认同。在很多时候，学生的确可以帮助教师成长。从学生那里得到的教学反馈，是很有价值的。当然，前提是师生关系要和谐融洽。没有这个前提，教师就得不到来自学生的真诚帮助。

教师的成长也需要学生的帮助。有这样一个真实的故事，说的是一位大学刚毕业的年轻老师，听说校长要来听他的课，心里就非常紧张。这位老师课前真诚地对学生说："校长要来听课，我很紧张，请你们配合一下。"学生们真的很配合，课上得很顺利。校长听完课就走了，这位老师长嘘了一口气，师生都笑了。从此，这位老师的课就上得越来越好了。

学生其实是给予教师最好的师范教育的人。

第三个小故事："老师，我想不出你好在哪里。"

【俞】我觉得影响我成长的关键的人和事，基本上都来自学生。我第一批学生中有一个孩子，有一次回来给我讲："俞老师，我回去老是对爸爸说你很好。"这个孩子的爸爸在报社工作，孩子老说俞老师好好好，讲得多了，他爸爸就问他："你们俞老师到底好在哪里呀，咱们给他写篇报道吧。"他对我说："俞老师，昨天晚上我想了一个晚上，我想不出你好在哪里呢！"我说："不会吧。我怎么不好了？"他说："是啊。我老说俞老师好，真去想的时候，却想不出你好在哪里了。"我说："你说说看。"他说："第一，你有没有备课到深夜？"我说："没有。""第二，你有没有带病坚持上课？"我说："没有。""第三，你有没有打雨伞送我们回家？"我说："也没有。"他说："所有好的事情你一样都没有呢。"（呵呵）

哎呀，这个学生给我的印象太深刻了。他说："反正在你身上找不出一点好的东西来。你呀，衣服乱穿，字也乱写，有时还批评我们，但是你说怎么回事呢，我们就是觉得你挺好的，可又说不出你好在哪里。"

那么，到底什么样的老师是一个好老师呢？所以，那次，这个学生给我的感悟就是，老师不要在学生面前塑造这种形象：备课到深夜，坚持上课昏倒在讲台上。这个形象一定要改变。

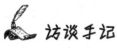 访谈手记

那些备课到深夜、坚持上课昏倒在讲台上的老师肯定是好老师。但是，值得我们思考的是，是不是非得如此，才能成为一名好老师呢？好老师的形象其实不是一成不变的。

俞老师的学生就从他身上看到了另一种好老师的形象。

第四个小故事：吃大饼的故事

【俞】还有一个关键事件，影响了我对数学的理解。2007 年《人民教育》第 7 期发表了我的一篇文章，题目是"不让一个学生落后"。在那篇文章开头，我讲了一个故事。这个学生是我第四批学生中的一个。这个小朋友人长得很漂亮，就是读书不好。

一天，我让这个小朋友做一道题。这道题很简单，题目是这样的：××牌 52 型拖拉机一天耕地 150 公顷，问 12 天耕地多少公顷？就这么个题目，她不会做。她先是把三个数字乘起来。我说："你错了。"她就订正，把乘法变成除法。我说："你又错了。"她又订正，把除法变成加法。我一看就觉得这个学生是在瞎猜。她不会思考。有些小学生就是这样的，今天课堂上讲了乘法，他就认为今天的题目肯定用乘法，要是讲了除法呢，他就用除法，一点都不动脑的。

我说："你过来，我给你打个比方。比方说，你每天早上吃两个大饼，5 天吃几个大饼啊？"这和那个题目的性质是一样的嘛！要不就换成学号，我问她："你是几号？""我 16 号。"她说。"哦，那就是 16 号同学每天早上吃两个大饼，5 天吃几个大饼？"16 这个数字在这里是没用的，是个代号而已。然后，这个小朋友却说："俞老师，我早上从来不吃大饼！"

【访】哈哈，这个孩子真是可爱极了！

【俞】是的。当时我还以为她是开玩笑呢。那天我的心情也比较好，本来可以一句话丢过去："你开什么玩笑，我现在叫你做数学，你以为我是在跟你讲吃大饼吗？"我没有这样做，而是接着问她："那你早上喜欢吃什么？"她说："我都是吃粽子的。"我说："那好，这很简单啊，我问你，你每天早上吃两个粽子，5 天吃几个粽子啊？"呵呵，这个小家伙，她很认真地想了一想。我想，你这么认真，应该把问题解决了吧。她说："俞老师。"我说："哎，你说。"她说："俞老师，我两个粽子吃不下去的哎！""那你每天能吃几个粽子？"她说："一般都是妈妈给我买一个，我只吃半个，剩下的我都扔掉了，我不喜欢吃。"我说："好的。"我想这个题目可能是做不下去了。为什么呢？因为半个是 0.5，0.5×5，这是小数乘法啊，这个知识点还没学呢。我说："你每天吃半个，那你 5 天吃几个粽子？"然后，她说："吃两个半。""怎么算出来的？""两天一个，5 天不就两个半了嘛！"你说这个学生笨不笨，一点都不笨，聪明着呢。然后我就思考一个问题：其实我们这个学生不笨啊，但她为什么又连一道很简单的题都不会做呢？

【访】我觉得，主要是她的思维还不是数学思维。

【俞】对了！所以，后来我就开始思考学生的学习准备问题。我现在的观点是：当一个小学生他/她的思维发生困难的时候，一定是在学习准备上出问题了，而不是智力有问题。他/她的智力绝对没问题。我就再接着思考一个问题：她为什么会这样呢？学习好的人，你问他/她一个问题：每天吃两个大饼，5 天吃几个大饼？他/她绝不会去思考这两个大饼是不是我吃的。他/她不会陷进去。在他/她的眼睛里，不管这两个大饼是谁吃的，马上就能抽象出来了。而我这个学生为什么这么"笨"呢？她没抽象出来，陷进去了："我怎么能吃得下两个大饼呢？""我没吃大饼啊？"她把数学忘记了。这就是问题了。

【访】或者说很多小孩在学习数学的时候就没进入数学思维状态。

【俞】这个小朋友把自己陷进去了。我们只是举个例子而已，题目中的那个你不是你啊！换成甲可以，乙也可以，丙或丁也可以的嘛。怎么就是你呢？她就认为是自己，老是想"我每次吃两个大饼"这些问题。这些人在思考数学问题的时候，往往被非本质的东西迷惑了。为什么会是这样的呢？就是她对信息的捕捉和别人不一样。理解能力强的学生，能马上把非本质的无关信息滤掉。数学就是数学，数学是讲量的，可以在某种程度上与常理无涉。而有一部分孩子就不知道，老是琢磨"两个大饼能吃得下吗，可能吗？"这类非数学的问题。后来，我告诉她，她的毛病在哪里。她为什么数学学不好？因为她不是用数学的方式去想问题。两个大饼拿来了，这只是一个比方啊，两个大饼可以，两个粽子也可以，两根油条也可以呀！你要"刷"地一下子把这个"2"提取出来，这就是数学。我很耐心地给她补课，就讲这个东西，其他的都不讲。这个东西理解了之后呢，其他的东西也就慢慢地通了。这个事件让我对小朋友的数学学习有了更深刻的理解。

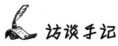 **访谈手记**

　　这是一个非常有趣的故事。它有种淡淡的、在不经意间自然流露出的幽默。它让听者发愣、不解、深思、顿悟、大笑，让人回味无穷。

　　这又是一个很有研究价值的故事。它直达数学学习的本质，关涉儿童学习数学的心理。数学的本质就是抽象，学会抽象是学好数学的关键。学数学不能回避抽象，否则学的就不是数学了。数学教学不能总是让孩子停留在具体的经验层面，必须把学生的思维提升到抽象层次。

　　这个故事还蕴涵着很深刻的哲学道理，是非常耐人寻味的。其实，很多时候，我们就像这个孩子一样，纠缠于具体的主观上的感受，漠视周围世界的客观性和普遍性，不能把问题从纷繁复杂的现象中抽象出来。

　　仔细想想，其实，我们每个人都有被"大饼"迷惑的时候。

　　优秀教师的知识面绝不仅限于他所教的学科，也不仅限于"好的教学法"。他们应知道学生在这门科目的学习过程中取得进步和犯错的规律，知道在出现问题时如何加以解决。这种知识被命名为"学科教学法知识"。[①]

　　美国学者科南特认为，尽管物理学家可能会知道哪些重要的物理内容是应该向学生传授的，也可能知道哪些概念对于学习物理中的运动来说是核心内容，但他却不一定能教会10岁的孩子掌握这些概念。[②]

　　虽然我们的师范教育也提供了学科教学法方面的课程，但是有更多的人还是在真正当了教师之后，在执教的过程中，才体会到学科教学法知识的重要性。俞老师在实践过程中，通过学生的反馈，慢慢积累着自己的学科教学法知识。

---

　　① 琳达·达林-哈蒙德，等. 教师应该做到的和能够做到的 [M]. 陈允明，等，译. 北京：中国青年出版社，2007：169.

　　② 同①，第172页。

第五个小故事：老师，你为什么要我去补课？

【俞】有一段时间，一位分管教学的副校长，把全面提高教学质量作为中心工作任务来抓。当时她想了一个办法，就是在每天放学之后，把学习困难的学生集中在一起再学习半小时。因为学校比较大，每个班规定只能送6名成绩不够理想的学生，每个年级组织成一个班。

有一天放学后，我听见自己班的教室里有哭声。我忙跑过去，看见一位本该去补课的学习困难生很伤心地在那里哭。我问她被谁欺负了，哪里痛了，家里发生什么事情了……问了很多我认为值得她哭的理由，可是我越问她哭得越响。

看看没效果，我只好拿出老师的架子来"教育"她："五年级的学生了，不要一味地哭，要学会表达，好不好？"过了一会儿，这个孩子抬起头，满眼是泪，几乎是愤怒地瞪着我："你为什么要让我去补课？"我一听，觉得挺奇怪，对她说："补课有什么不好，你成绩还差啊。"我一说完，她就对着我喊："可是我不想，难道只有这样补课才能进步吗？！"看着她一脸的委屈与愤怒，我再也说不出话了。

至今我还记得那时我的惊愕与迷惑，我让她先回家，让我想想。

【访】是啊，她为什么这么生气？"补课"对她来说不是好事吗？

【俞】真的，我发现我们老师是经常犯错误的，而且很多错误犯得理直气壮。比如组织学生补课这件事，我们自以为是好事：学习有困难，学校安排补课，这是一件多么好的事情。可我们并不了解，这样的好事往往是一件令学生伤心的事。在我们的思想中有一个误区，以为自己认为的好事对学生也一定是好事。于是，把我们的想法作为一种事实强加给学生，而没有去思考学生怎么想，这是一种多么霸道的错误啊。我们老师其实经常伤害学生的，害了学生不说，还自认为，自己所做的一切都是为学生好。有了这个理由，教学中的很多错误便心安理得地发生着。

【访】嗯，是这么回事。

【俞】事实上，学生的很多想法与成人是有区别的。这种区别是大多数学生所不敢表达的，是大多数成人所不曾体会的。所以，以后，我在学生学习发生困难的时候，我就会想起那位学生的质问：只有这样补课才能进步吗？是的，应该有更多好的办法，需要我们用心去寻找。

访谈手记

苏霍姆林斯基说："尽可能深入地了解每个孩子的精神世界，是教师和校长的首条金科玉律。""通往儿童心灵的道路要靠友谊，靠共同的兴趣、爱好、感情、感受来铺设。"① 俞老师初涉教坛就有了这种能够感受着学生的感受的教育素养。他和学生之间建立的真诚的友谊铺设了通往学生心灵的大道。

教师和学生，是学校的两个主要人物。一个教师如果不善于和学生交往，不能和学生建立一种合适的师生关系，就可能导致学生对抗教师的教育影响，教师本人也会对教师职业产生不良情绪。

经过长期的教育实践，教师和学生的交往会形成一定的风格。据研究②，教师对学生的态度的风格可以分为：稳定-积极的、消极-积极的、不稳定的。

稳定-积极的风格，其特点是对儿童的稳定的、情绪积极的态度，关心儿童，在他们遇到困难的时候帮助他们，对学生在学习方面和行为方面的缺点作出实事求是的反应，用平静的、均匀的声调与儿童交往。这种教师的特点是具有鲜明的教育倾向性，热爱自己的职业和儿童，体验到对与儿童的非形式主义交往的需求。这样的教师往往钟情于学校和儿童，善于教任何一个孩子，不喜欢极端措施，同时又能坚持原则，严格要求。

消极-积极的风格，其特点是在对儿童的态度上积极的情绪定势表现得不明显。教育定势的结果基本上就是态度冷淡和打官腔：只有严格要求和非常务实的关系才能保证对学生的教学和教育取得成绩。这样的教师是位出色的教师，但态度有点冷淡，从不对孩子说慈爱的、亲热的话。

不稳定的风格，其特点是在总的积极的情绪定势情况下态度随情境变化。这类教师往往受自己的心境和体验的控制；他们对学生个性和行为方式的评价取决于当时的情境。这样的教师是诚挚的、内行的，做了很多工作，热爱自己的职业和孩子，但是如果学生胡来的话，他们就会失去自我控制。

---

① 苏霍姆林斯基. 帕夫雷什中学［M］. 赵玮，等，译. 北京：教育科学出版社，1983：10-11.
② И. А. 贾雄，编. 教学·教育技艺原理［M］. 诸惠芳，等，译. 北京：人民教育出版社，1993：28.

◎ 观察学生，和学生一起聊天

【访】 您和学生的关系真不错。

【俞】 我老是带着他们玩儿。

【访】 您哪来那么多时间带孩子玩呢？

【俞】 几乎一有空我就带他们玩。我当班主任的时候，我和学生们天天一起做游戏。我很喜欢观察学生，和学生聊天。

【访】 您是怎么观察学生的？

【俞】 不论上课还是下课，我都会尽可能地观察学生。有时一连几天着重观察某一位学生，有时则随机看五十来位学生的言行举止、喜怒哀乐。看久了，看多了，自然对每一位学生有了更深的了解，这对教书育人有很大的帮助。

【访】 小学生的年龄都很小，您都怎么和他们聊天？

【俞】 说实话，我也不是一个健谈的人。朋友聚会的时候，也经常卡壳，总是默默地坐一会儿就借口有事走掉了。不过，我和这些小不点儿的学生是很有话说的。只要有空，我就找他们聊天。我们能海阔天空地聊，聊得非常开心。

学生也很喜欢和我聊天。每次我跟一位学生聊天的时候，边上就会围上一群，他们一起说，一起听，一起开心地笑，有时会一起叫喊，自然是很热闹的了。跟孩子聊天，不用刻意去找话题。因为他们是小孩嘛，知无不言，话题很多的，自然而然就有了。

我跟学生聊天以听为主。学生跟我说话的时候，我都听得很认真很诚恳。越是这样，学生就越有兴趣说。他们经常是唧唧喳喳地抢着说。这时候，我就说："我们先听某某同学说，好吗？"学生多半都会同意，并静下来听那位同学说。而那位说的同学呢，就会很好地说完他要说的话。

【访】 你们都聊些什么呢？

【俞】 孩子天生是快乐的，他们喜欢说一些令他们开心的事，特别是玩耍过程中的趣事，也有说自己家里的事的。只要是令他们觉得有趣开心的，便会无所顾忌地说出来。他们并不要老师评判什么，只要老师跟着开心便足够了。所以，与学生聊天的时候，我是很开心的。

当然，与学生聊天也不是容易的事，有一次我说："你爸爸生你养你……"话还没说完呢，这个学生便一本正经地说："老师，你错了，爸爸是不会生的，我们都是妈妈生的。"（哈哈）

还有时候，学生会突然蹦出一个问题："老师我考考你，白矮星是什么？"学生也是喜欢为难老师的，他们觉得这样很好玩。

班里也有一些不声不响、性格内向的学生，他们很少与老师交流沟通。我便经常选这些学生作对象，故意找到他，坐下来，班里其他一些学生便会围上来，嘻嘻哈哈中，便把那位同学的拘谨感渐渐消去了，他也会无拘无束地说起来。这样的次数多了，人也变得活泼了。

与学生聊天是一种很享受的事情。孩子嘛，他很信任你，对你很坦诚，什么都说。与学生聊天也是工作。通过聊天能获得关于学生的大量信息：关于他爱好的，关于他家庭的，关于他能力的……而这些正是教育得以实施的基础。与学生聊天更是一次教育机会，不论是对学生还是对老师。聊天可以学会倾听。总之，与学生聊天是一把打开学生心灵的钥匙。

访谈手记

苏联教育家阿莫纳什维利有一条教育箴言，说："谁爱儿童的唧唧喳喳，谁就愿意从事教育工作，而谁爱儿童的唧唧喳喳声已经爱得入迷，谁就能获得自己的职业的幸福。"[1]

我们没有理由不相信，喜欢和学生聊天的俞老师是幸福的。当然，和俞老师聊天的学生也是幸福的。

---

① 阿莫纳什维利. 孩子们，你们好！[M]. 朱佩荣，译. 北京：教育科学出版社，2002：5.

思考是很快乐的事

第二章
读书和思考
都是很快乐的事

教书育人，是教师的天职。而读书呢，应该算是教师的职业需要了。在这方面，我们的先师先祖孔子就给我们作了表率。"学而不厌，诲人不倦"成为大家普遍认可的好教师的优良品质。

　　俞老师就是这样一位好教师。他喜欢读书，乐于读书，并且还从书中读出了各种各样的味道来。

　　我非常喜欢和俞老师交流读书的体会。俞老师的阅读面很广。他跟我的谈话涉及卢梭、杜威、苏霍姆林斯基、布鲁纳、布卢姆、皮亚杰等外国著名学者及其著作，还涉及中国古代经典。同样一本书，他的阅读感悟总会有点与众不同。他的认识是独到新颖的，听来也颇有他的道理。当他跟我讲，柳宗元的《种树郭橐驼传》是一篇教育经典，很值得老师们看的时候，我大为惊诧。因为我还是第一次听说，这篇古文居然还可以从教育的角度去品读。

　　孔子还说：学而不思则罔，思而不学则殆。（《论语·为政》）这句话强调学习与思考一定要相结合。只学习不思考，人就会迷惘，糊里糊涂，不知所措；只思考而不学习头脑就会穷竭。只有学思结合，人的修养和学问，才会有真正的增益。

　　勤于思考，善于思考，是俞老师最突出的一个人格特点。有人评价俞老师，说他的思维方式很"另类"。其实不止于此，我发现，不仅是思维方式，甚至他思考的问题都很新奇，很"另类"，也很有趣味。

◎ 读书是最省钱的娱乐方式

【访】 您读师范的时候是不是就很喜欢读书？

【俞】 是的，因为读书是当时最省钱的娱乐方式，买一本书总比上舞厅省钱嘛。有时候我觉得，把自己的一些书送给小朋友是很高雅的事情。

我以前有个学生毕业分到我的学校来（这个人很聪明的，现在也是特级教师了），我一开始很想带她，我经常对她讲，你得多看书，光有聪明是不够的。但她对买书不怎么感兴趣，她也不怎么看书。后来，就感觉后劲不足了。有次，她遇到我，对我说："现在我才明白你让我看书的用意是什么。"是呀，不读书哪有发展的后劲。

【访】 那时您都读些什么书？

【俞】 我读师范的时候是乱看书的，不管什么书拿起来就看。当时，我的身体也不太好，躺在床上的时候居多。因为不想读师范，情绪也不太好，整天提不起精神来。学业上因此就比较落后，考试经常不及格。本来我自己要退学的，到了第三年，突然一天有了个想法：生病是最没用的人，有用的人就是扫地都能扫得最好。从此以后，我就振作起来，认真读专业书了。

我在 1998 年以前都是教书读书，生活很简单的。在读书方面，读了一个电大，是法律专业的。读电大就是想去当律师，可以不教书了。在学习的过程中，经常要判决一些法律案例，我发现我判案的结果和答案一比照都是反的！看来，我不适合当律师。于是，我后来又去参加了一个中医的自学考试，想去做一名中医。所以，我有两个专科学历，一个是法律专业的，一个是中医的。这都是 1996 年前后的事了。

1998 年，我到浙江师范大学读了函授本科。2000 年以后，又接着读了教育管理专业硕士。

访谈手记

俞老师年轻的时候并不甘心当一个孩子王。他曾经想过当律师，也曾经想过做医生。于是他就去学了法律和中医。

尽管他最终还是没转行，但他学习法律和中医的经历却意外地给了他一种独特的审视教育的眼光和胸怀。这种独特的眼光和胸怀，使得他后来在教育领域的职业发展独具特色。

真是"有心栽花花不开，无心插柳柳成荫"。

◎ 读书能够影响一个人的思维方式

【俞】我很喜欢读书，因为看书会影响到一个人的思维方式。读书的时候，就会注意到，别人是怎么看书和思考的。有时候我就真的想不明白，同样的一件事，也许我们也经历过，但人家作者就能从这个例子里看出问题来，我们就看不出来。这就是差别。

我一直在研究准备课程。不是有很多人在讲让小朋友的知识生活化么，他们都是从情境当中引出问题，然后给学生一个数学认识。我一直感觉这是不对的，但是他们究竟哪里不对，我又说不出来。后来，我看杜威的《民主主义与教育》，在书里看到这样一句话，他说：在纯粹的经验和纯粹的知识之间有一个中间环节。好像是这么说的。哎呀，我太佩服他了。这句话把我懵懵懂懂的那个问题说出来了。这个中间环节是很值得我们做文章的。我一直在思考这个问题。比方说，我们要小孩子学习"分数的认识"，教材上是这样写的：两个月饼平均分成两份，每份是几个？每份是一个。把一个月饼平均分成两份，每份是几个？每份是二分之一个。然后就开始学分数了。它是从一个情境知道了这个分数。我突然想到，我上过一节课，是"一个和半个"。"一半"是一种生活语言，不是一个情境。这个"一半"是学生在若干年生活当中积累的关于分数的一种生活认识。其实，支持小朋友认识分数的，是这个"一半"的生活认识，而不是这个情境。这个情境无非是帮助他回忆起那个"一半"的认识。

【访】在您看来，这节课的关键是帮助学生回忆起关于"一半"的生活认识。

【俞】对。其实分数的学习就是从这个"半个"和"一半"开始的，不是从分月饼开始的。"一半"和"半个"是非科学概念，是日常概念。这个"半个"在有些小朋友的头脑中是一样的，但也有小半个、大半个、一大半等，这些才是对他的学习产生干扰和支持的东西。我们应该把它们挖掘出来。这些东西就是杜威讲的"中间环节"。杜威这句话把我所想的东西表达出来了，我很佩服他。不过，他没有这方面的实践。后来我就搜索全球范围内有谁在做这个东西，也没有搜索到。

【访】维果茨基谈的日常概念和科学概念①应该跟这个有关。

【俞】他是提过，但他没有告诉我们怎样去发现学生的日常概念，怎样将日常概念修正为科学概念。日常概念既是认识科学概念的基础，又是认识科学概念的障碍因素。所以，我们需要修正日常概念。日常概念，是学生自己建构形成的，没人教得会的，是悟出来的。人与人是不同的，不同的人有不同的概念。因此，我就觉得不同的人有不同的思维方式。读各种各样的书，体会各种各样的思维方式是很有收获的。

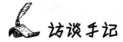 **访谈手记**

在这里，俞老师提到他一直都在研究的准备课。从他的讲述里，我隐约地感到他思考的这个问题是非常前沿的，蕴涵着很高的理论价值。

正因为他思考的问题很前沿，所以他读的书也都是有一定层次的。在别人看来很抽象的理论，在他那里就变得很具体了。甚至可以具体到一堂课上，比如他上的"一个和半个"，它不仅涉及数学概念的形成，涉及科学概念和日常概念的关系，也涉及教学与生活的关系、书本知识和生活经验的关系，还涉及教学情境的意义，等等。

◎ 俞老师喜欢看的书

【访】您能不能说说您喜欢的书和作者？

【俞】我现在买书喜欢买以前出版的书。现在的人写书写得太快了。

我看书是从来不做笔记的。我就是乱七八糟的，什么都看。看过了，也

---

① 维果茨基在他的名著《思维与言语》的第四章和第五章，集中论述了日常概念和科学概念的关系问题。他认为科学概念和日常概念是相互联系不断影响的。科学概念的发展必然依靠自发概念成熟的一定水平，科学概念在结构上的高级概括也能引起日常概念结构的改变。在学龄期，教学是决定儿童包括概念发展在内的智力发展命运的决定因素。他还强调，科学概念和日常概念与儿童亲身经验所处的关系是不同的，"在教学中形成的科学概念在对儿童经验的关系上，在对二者的客体的关系上，在它们所经历的从诞生到最终形成的道路上，与自发概念（即日常概念，引者注）是不同的"。（《维果茨基教育论著选》，人民教育出版社，1994年版，第205页）

说不出具体的书名，即便说出来了也是不完整的。以前我们搞教研活动，有位教研员说："俞正强，听课从来不带笔不带纸，他今天又没带笔又没带纸。"我心想，听课就是酒肉穿肠过的了，记在脑子里不就行了嘛，反正好的都留在脑子里了，全记下来干什么。所以，我出去作讲座也是这种想法，讲完就扔掉了。现在想起来，感觉很遗憾。既然做了一些事，还是应该记下来。当时就觉得，反正好的都留在脑子里了，也就不怎么在意写下来。那么一本书哗哗地翻过去，好像《民主主义与教育》那本书，整本书的内容我已经不记得了，但是某段话，也许在这段时间或相当长时间内我就记住了。人嘛，总是会有一些共同的思考和感悟的。

我觉得我对教育理论的思考还是很多的。《爱弥儿》这本书我也看了很多遍，因为作为教育专著，它的地位很崇高嘛。看过之后，我觉得《爱弥儿》也没有想象中那么重要。现在大家对杜威的教育思想都很看重，杜威的著作我也拿来看，什么经验啊生长啊，都是从他那儿来的。到目前为止，真正的教育理论著作我也看了几本。我个人觉得，真正的教育理论不需要很多，它可以是贯穿到底的，是和人性结合的。

【访】这些年，国内一些人翻译的国外的教育理论著作您看过吗？

【俞】我看了，但不是太喜欢。

【访】苏霍姆林斯基的书您喜欢吗？

【俞】啊，苏霍姆林斯基的书我都很喜欢。苏霍姆林斯基的书我看得比较多。

苏霍姆林斯基写的都是小故事。他有一本书叫《把整个心灵献给孩子》，这本书我看了很多遍。他没有很高深的实验，也没有很高深的理论，就是带着一帮小朋友很悠闲地、很有灵性地在那里学习。还有一个就是杜威的书，我看得也比较多。外国的就这两个。其他的，尤其是现在流行的一些理论我看得真不多，因为我不喜欢。有些书，我看了之后就不想看了。

国内一些人，出书很快，很有才气，但他们的才气缺乏深刻，我不喜欢。我觉得他们的思考都缺乏实践的历练。

我最喜欢的还是苏霍姆林斯基。苏霍姆林斯基的生命力比较强。其实我们现在碰到的很多问题，苏霍姆林斯基都讲过了，比方说负担重的问题、填鸭式问题。我记得他有个对"填鸭"的比喻挺好的，他说，"填鸭"好比把这个东西放到大炮里，"嗵"的一声放出去，没了。就是说，装是装进去了，可是一放就没了，空了。我觉得苏霍姆林斯基他没有空谈很多大道理。

资料库 2-1

俞老师提到的一些书

1. 卢梭的《爱弥儿》

卢梭（J. J. Rousseau，1712—1778）是 18 世纪法国启蒙运动者，是西方历史上最有影响的作家之一。在卢梭的著作中，《爱弥儿》《社会契约论》《论人类不平等的起源和基础》最为杰出。其中《爱弥儿》是继柏拉图《理想国》之后西方最系统的教育论著，它所论述的教育问题在教育史上引起了一场伟大的革命。

《爱弥儿》全书共五卷，贯穿其中的是卢梭的自然主义教育思想。他以夹叙夹议的方式，对天主教会和封建专制制度的黑暗、愚昧、丑恶进行了无情的揭露和批判。卢梭强调尊重天性的教育，竭力推崇把儿童当做儿童看待，要求教育适应受教育者的成长和发育。

2. 杜威的《民主主义与教育》

杜威（John Dewey，1859—1952）是美国实用主义哲学家和教育家，所著的《民主主义与教育》全面地阐述了实用主义教育理论，是其教育著述的代表作。西方学者柏拉图的《理想国》、卢梭的《爱弥儿》和杜威的《民主主义与教育》是三部不朽的教育瑰宝。

《民主主义与教育》力图分析和陈述民主社会的理想，并立足这一社会理想来谈论教育问题。该书涉及的重要内容有：民主社会是什么、民主教育是什么、教育是什么、学校是什么、教育无目的论、"从做中学"的教学论、道德教育论等。

3. 布鲁纳的《教育过程》

布鲁纳（Jerome S. Bruner，1915— ）是美国著名心理学家、教学论思想家。1962 年至 1964 年间曾在白宫教育研究发展小组工作，撰写了《教育过程》《教学论》等著作。《教育过程》被西方教育界人士誉为"划时代的著作"。

《教育过程》集中反映了布鲁纳的结构主义教学思想。结构主义教学思想强调：使学生掌握学科的基本结构是教育过程的核心；设计课程和编写教材必须认真考虑学习的心理倾向、结构、序列和强化等问题；设计课程和编写教材应当重视一门学科的基本概念或原理的连续性；发现学习是使学生掌握学科基本结构的良好方法。

4. 布卢姆的《掌握学习》

布卢姆（B. S. Bloom，1913— ）是美国的心理学家和教育学家，曾担任过美国教育研究协会的会长，是国际教育成就评价协会的创建人之一。主要著作有：《教育目标分类学：第一分册，认知领域》（1956）、《掌握学习》（1968）和《人类特性与学校学习》（1976）等。

《掌握学习》阐述了"为掌握而学，为掌握而教"的教学思想。布卢姆以"人人都能学习"为基础，采用现有的传统的班级教学方式，使所有儿童都能学会学校应教的东西，进而实现大面积教育质量的提高。

"掌握学习"的具体实施包括这样三个阶段：

第一阶段，给"掌握"下定义，也就是详细说明要达到的"掌握水平"。它又分成四个步骤：一是确定课程目标；二是编制总结性测验试卷；三是制定单元目标；四是编制形成性测验试卷。

第二阶段，制定实现"掌握"的教学计划。制定计划要注意高质量教学的两个关键：一是课堂教学应适合于绝大多数学生；二是教学活动应能调动绝大多数学生积极参与。

第三阶段，为实现"掌握"而教。它又分为两个步骤：一是介绍情况，即向学生介绍有关学习内容、方法、考评方式和标准等方面的情况。同时还要告诉学生，如果他们需要，可以得到额外的时间和帮助，以保证他们"掌握"。二是课堂教学。教学测验确定学生掌握的水平，并对其分组。随后，根据不同的分组有针对性地开展教学和活动。

5. 皮亚杰的《发生认识论》

皮亚杰（Jean Piaget，1896—1980）是瑞士心理学家和哲学家，对生物学、哲学、心理学和逻辑学都有精深的研究。

《发生认识论》较集中、系统地阐述了皮亚杰对于认识论的观点。他在该书的引言部分指出："发生认识论的特有问题是认识的成长问题"，而研究认识的发生发展是认识论不可缺少的一个部分；并指出发生认识论的第一特点是研究各种认识的起源；第二个特点是"它的跨专业性质"。皮亚杰开创了临床描述技术，并用这个方法研究了儿童智力在各个年龄段上的个体发生发展，从认识的起源一直追溯到科学思维的发展。他强调科学认识是建构的产物。建构构成结构，结构又对认识起着中介作用；结构不断地建构，从比较简单的结构到更为复杂的结构，其建构过程则依赖于主体的不断活动。

【访】其他的呢？

【俞】哦，有本书很好的，就是布鲁纳的《教育过程》，你看过吗？这本书很薄，但写得真好，我好好地研究过，对我帮助很大。布卢姆的《掌握学习》，是我看的第一本外国著作。这本书我也看过很多遍。看过后我就觉得我不是也在做掌握学习吗？他就是一遍一遍，一个单元学好了考一遍，没掌握的再学，再考一遍。我们不也是这样吗？这本书大概是（20世纪）80年代末很流行的。我就觉得，这么好的理论原来就这么简单。

皮亚杰的《发生认识论》，我觉得也很好。看完这本书，我明白了一个道理：哦，原来在幼儿园里也有这么高深的学问。卢梭的《爱弥儿》我看过很多遍。我后来看了一篇文章说，卢梭在写《爱弥儿》的时候，把他自己的一个孩子交给了一个乞丐，是吧？

【访】是的，他的孩子是在孤儿院长大的。他是个很有争议的人物。

【俞】其实，我觉得，卢梭对爱弥儿的教育和苏霍姆林斯基的教育是一致的，都是崇尚自然，是自然主义的教育。卢梭和苏霍姆林斯基比起来，苏霍姆林斯基是很真诚地想把孩子教好，而卢梭呢，只是告诉别人这样做就可以把孩子教好，他自己都没有这样去做。卢梭只是在标榜自己，他的重心在自己身上。

◎ 读书有三个层次

【访】一般人读书喜欢摘录自己喜欢的词句，您怎么看这个问题？

【俞】就读书来说，我觉得有这样三个层次：第一个层次，就是把好词好句摘下来，写作的时候好用；第二个层次是看作者的思维方式，看他用这些材料是怎么得出这样一个结论来的，观点是什么可能就忘了；第三个层次呢，就要看味道了。每个人的文字里都有一种气息。不同的字与字之间的组织会散发出一种气息，有的气息是明快的，有的气息是晦涩的，这个气息是有人的气质在里边的。如果我们喜欢一本书的气息，看起这本书来就觉得很舒服。比如，我就感觉，苏霍姆林斯基的气息是很特殊的、很悠闲的、很真诚的。我们整个人泡在这样的气息里就会得到一些改变。我感觉卢梭的书的气息就没有这么舒服。

◎ 教学就是"因材施教，循序渐进"八个字

【俞】我觉得外国的书，像苏霍姆林斯基的书不像理论书，但它特别适合老师看。在我们中国，有些教育著作，写得比苏霍姆林斯基的好得多。

【访】您能具体谈谈吗？

【俞】我喜欢看古代的书。以前的人写的书，比如李时珍，他花十几年写一本书。现在的书，包括我写的那本，都不像书。而且现在的书都很厚，不好看。以前的书薄薄的，好看，比如《学记》，什么都讲了。到现在为止我觉得《学记》始终是一篇很好的东西，《乐记》也是。《学记》和《乐记》每个老师必须读很久很久，多读几遍。还有一篇《郭橐驼种树》，柳宗元写的，这篇文章绝对是中国的教育经典，一定要好好读读。柳宗元写这篇文章主要是暗示那些当官的人怎么治理百姓的，他不是讲教育的，但这篇文章对教育的暗喻太深刻了。所以《学记》《乐记》和《郭橐驼种树》三篇都是经典。我觉得我们中国的教育理论都是只言片语的，散落在一些文章之中。西方的教育著作都是大部头的，它讲得其实没有我们中国人到位。到现在为止，我觉得从教学这个角度讲，所有的理论都离不开孔子的两句话，就是"因材施教，循序渐进"。就教学层面来看，这八个字讲完了。我觉得我们中国的教育理论太好了，讲透了，比西方的理论讲得好。

✒ 访谈手记

学教育的人一般都知道《学记》和《乐记》，但对俞老师提到的《郭橐驼种树》①，知道的人恐怕就不是太多了。

这篇文章的作者是柳宗元，文章的大意是：在长安西丰乐乡，有一个绰号叫郭橐驼的人很会种树。长安富豪都争相把他的树苗买到家里去养植，有的是为了观赏，有的是为了让它结果。人们见郭橐驼的树没有栽不活的，而且，这些树长得高大茂盛，果实结得又早又多，其他种树的人偷偷地学习

---

① 实为《种树郭橐驼传》，见：金圣叹，选评. 天下才子必读书 [M]. 朱一清，等，校注. 合肥：安徽文艺出版社，1992：723.

资料库 2-2

种树郭橐驼传①

[唐] 柳宗元

　　郭橐驼，不知始何名。病偻，隆然伏行，有类橐驼者，故乡人号之"驼"。驼闻之曰："甚善，名我固当。"因舍其名，亦自谓"橐驼"云。

　　其乡曰丰乐乡，在长安西。驼业种树，凡长安豪家富人为观游及卖果者，皆争迎取养。视驼所种树，或移徙，无不活，且硕茂蚤实以蕃。他植者虽窥伺效慕，莫能如也。

　　有问之，对曰："橐驼非能使木寿且孳也，能顺木之天以致其性焉尔。凡植木之性，其本欲舒，其培欲平，其土欲故，其筑欲密。既然已，勿动勿虑，去不复顾。其莳也若子，其置也若弃，则其天者全而其性得矣。故吾不害其长而已，非有能硕茂之也；不抑耗其实而已，非有能蚤而蕃之也。他植者则不然。根拳而土易，其培之也，若不过焉则不及焉。苟有能反是者，则又爱之太殷，忧之太勤，且视而暮抚，已去而复顾。甚者爪其肤以验其生枯，摇其本以观其疏密，而木之性日以离矣。虽曰爱之，其实害之；虽曰忧之，其实仇之：故不我若也。吾又何能为哉？"

　　问者曰："以子之道，移之官理，可乎？"驼曰："我知种树而已，官理非吾业也。然吾居乡，见长人者好烦其令，若甚怜焉，而卒以祸。旦暮吏来呼曰：'官命促尔耕，勖尔植，督尔获；蚤缫而绪，蚤织而缕；字而幼孩，遂而鸡豚！'鸣鼓而聚之，击木而召之。吾小人辍飧饔以劳吏者且不得暇，又何以蕃吾生而安吾性耶？故病且怠。若是，则与吾业者其亦有类乎？"

　　问者嘻曰："不亦善乎！吾问养树，得养人术。"传其事，以为官戒也。

----

① 选自：金圣叹，选评. 天下才子必读书 [M]. 朱一清，等，校注. 合肥：安徽文艺出版社，1992：723.

模仿，但都不得要领，种出来的树还是不如郭橐驼的好。

有人向他取经，郭橐驼说："我可没有让树木繁茂长寿的本领，只是能'顺木之天以致其性'罢了。树的本性是要舒展的，培土要平，根要带原来的土，并且要把它筑密实了。这样做了以后，不要再去动它，也不要担心忧虑，离开了就不要一遍一遍地回来看了。移栽的时候像对待自己的儿女一样倍加呵护，移栽完毕，就由它去了，老天爷会顾全它，让树木顺其本性成长的。所以，我'不害其长，不抑耗其实'而已，并不是我有什么让它繁茂的本领。别人种树呢，就不是这样了。树根弯曲，不够舒展；土也换成了新的，土培得不是太多了就是太少了。有些人跟我相反，对树又爱又忧，过于殷勤，早上也来看看，晚上也来摸摸，离开了还要再回来看看。更有人用指甲来刮树皮以验证它有没有干枯，摇晃树看它是否松动了。这样就背离了树木的本性，说是爱它实际上是害了它，说是担心它，其实是跟它有仇啊，所以种树不如我。"

问话的人说："这个道理是不是也可以用在做官上啊？"郭橐驼说："我只知道种树，做官的道理我可不懂。不过，我在乡里看到那些当官的喜欢频繁地发布号令，说是怜爱百姓，最终还是给百姓带来了祸害。当官的天天来号令百姓：'我官府督促你们耕种，勉励你们种植，督促你们收割，抓紧时间煮茧抽丝，织布纺纱，抚养好小孩子，好好养鸡养猪'。就这样天天敲锣打鼓地把老百姓召集起来。老百姓呢为了应付官吏经常是饭都顾不上吃，哪还有什么空闲做事情啊？所以，老百姓很烦当官的，也不把那些号令当回事。如果从这方面看，这做官和我们种树也有着同样的道理呢。"

这篇文章写得真好。它说的是种树，其实说的是当时的官风。当官的动辄下命令，自以为是爱民为民，其实是扰民害民。

俗话说，十年树木，百年树人。相比较起来，种树和育人的道理更易相通。郭橐驼的种树经能给我们很深的教育启示。在教育孩子问题上，自以为是的人实在是太多了。"爱""忧"得过于殷勤，结果适得其反，孩子不但不领情甚至还对教育者产生了仇恨。因此，郭橐驼种树的经验是"顺木之天以致其性"，做到"不害其长，不抑耗其实"，我们育人也应做到顺应学生的自然天性啊。

这篇古文被俞老师视为教育经典，是有道理的。

【俞】布鲁纳的《教育过程》中有一句话，我可以把任何知识以适当的方式教给任何学生。从循序渐进的角度看这句话，你可以说他是错的，也可以说他是对的。因为只要你的"序"搞得好，他就会接受；如果"序"搞不好，他始终都不会接受。因为在"序"还没到的时候，你怎么教都是没用的。所以，我们不鼓励在某个年龄段教给学生他不该接受的东西。

我觉得我们的一些教育很成问题，为什么呢？比方说，在小朋友处于童蒙的时候，你有必要给他讲关于月亮的科学知识吗？其实你就应该告诉他月亮上有嫦娥。为什么？因为他是童蒙啊，他需要想象。如果这个时候告诉他月亮上没有嫦娥，那都是骗人的，只有石头什么的，这样一来，小朋友就没有想象了，这是多么残忍的教育啊！

再比如，我们说从娃娃抓起，什么都从娃娃抓起，嘀，真痛苦啊。把那些美的东西全部撕掉了以后，小朋友就早熟了，变成了小大人，从此他变得很物质。人有时候是很需要一份浪漫的啊。

我学校里有位老师，我让他适当地加点班，年轻人嘛。他说："你给我多少补贴？"我说："我像你这么大的时候，校长给我任何任务我都拼命去干，我觉得校长看得起我，而你呢，不要我看得起你，只跟我谈钱。"这就是所谓的进步么？这个进步是怎么来的，是我们教育出来的呀。我们的教育是有问题的，什么问题呢，就是不"循序"。我们在小朋友小的时候，讲的东西要吻合他的审美。等孩子长大以后，哦，奶奶骗我，妈妈骗我，那时就开始思考了，就什么都懂了。对不对？"循序渐进，因材施教"，教学上只要把这八个字做好，就什么都做好了。

【访】数学和数学教育方面的书您看过哪些？

【俞】数学教育方面的书我大都收集了，但我觉得那些名著离我们小学教学还是很远的。对小学数学教育真正有用的书还是很少的。比方说波利亚①的书讲的都是中学数学教育，对小学意义就不大。

---

① 乔治·波利亚（George Polya，1887—1985）是美籍匈牙利数学家，20世纪举世公认的著名数学教育家，享有国际盛誉的数学方法论大师。波利亚在数学教育领域最突出的贡献是开辟了数学启发法研究的新领域，为数学方法论研究的现代复兴奠定了必要的理论基础。波利亚致力于解题的研究，为了回答"一个好的解法是如何想出来的"这个令人困惑的问题，他专门研究了解题的思维过程，先后写出了《怎样解题》《数学的发现》和《数学与猜想》。这些书被译成很多国家的文字出版，成了世界范围内的数学教育名著。其中，《怎样解题》被译成16种文字，仅平装本就销售100万册以上。著名数学家瓦尔登1952年2月2日在瑞士苏黎世大学的会议致词中说："每个大学生，每个学者，特别是每个老师都应该读读这本引人入胜的书。"我国译介的波利亚的书有：《怎样解题》，阎育苏译，科学出版社（北京）1982年出版；《数学的发现》第一卷，欧阳绛译，科学出版社（北京）1982年出版；《数学的发现》第二卷，刘远图等译，科学出版社（北京）1987年出版；《数学与猜想》（第一卷，李心灿等译；第二卷，李克亮等译），由科学出版社（北京）1984年出版。

【访】对一个想教好小学数学的人来说，应看哪些数学方面的书？对年轻老师理解数学特别有帮助的书有哪些？

【俞】我觉得这方面合适的书很少，因为小学数学的知识容量不大，它讲究的主要是方法。

我具体解释一下数学修养，比方说上"分数的初步认识"这一课，我们经常这样上："小朋友们，你看到'分数'想到什么？"这叫了解学生的起点。小朋友说："我想到了二分之一。"或"我想到了我考了100分。"然后我们说："小朋友们，我们今天来研究一下分数好不好？二分之一你会不会写？"有些小朋友可能在校外已经掌握这些东西了。有些小朋友说："我会写的。"然后，你再问："还有什么不同的写法吗？"一想，啊，有很多不同的写法。下面呢，一个老师说："我告诉大家，这些二分之一都是错的，那些二分之一是对的。"第二个老师呢，这样说："小朋友们，大家都很聪明。你们都写对了。但是，这么多写法是不是很容易混乱呢？所以，我们的前人就规定了这种写法，其他的呢，就慢慢不用了，消失掉了。"你看，这第二个老师的做法，就是数学的，因为数学是规定了的，规定它是通行的，这就是数学素养。素养是非常重要的。

◎ 推荐苏霍姆林斯基的书给年轻老师看

【访】如果让您给年轻老师推荐一本书看，您想推荐哪本书？

【俞】我觉得还是看苏霍姆林斯基的书比较好，不要看很理论的。

【访】当代的一些教育理论方面的书，您看吗？

【俞】我看得真不多，研究得也不够。

新课改以来我也看了一些这方面的书，后来就觉得意义不大。一开始还是很想看的，后来就开始排斥了，拒绝了，再后来出来的一些书我就不想摸了。教育方面很难有什么理论创新的，有时一句话就讲到终点了。教育就像中医一样，中医再发展下去也发展不出新东西了。孔子的"因材施教、循序渐进"就讲透了，你再怎么研究都是这个东西。

有次，我在杭州讲教学设计。我说教学设计就把握八个字，一个是"因材施教"。有个老师问：什么是因材施教？我说：第一你用什么材料来教学生；第二，你用什么问题来问自己的学生。因材施教就这么两个东西。

资料库 2-3

苏霍姆林斯基

瓦·阿·苏霍姆林斯基（В. А. Сухомпинскисй，1918—1970），苏联著名教育实践家和教育理论家。他从 17 岁即开始投身教育工作，直到逝世，在国内外享有盛誉。我国自建国后全面学习苏联时期就引介了苏霍姆林斯基的著作。他的教育思想影响了我国一代又一代的教育工作者。

2001 年，教育科学出版社组织一批学者翻译出版了《苏霍姆林斯基选集》（五卷本）。它选编的内容有：

第 1 卷：《全面发展的人的培养问题》《学生的精神世界》《培养集体的方法》。

第 2 卷：《年轻一代共产主义信念的形成》《怎样培养真正的人》《给教师的 100 条建议》。

第 3 卷：《我把心给了孩子们》《公民的诞生》《给儿子的信》。

第 4 卷：《帕夫雷什中学》《和青年校长的谈话》。

第 5 卷：收入苏霍姆林斯基撰写的优秀教育论文 68 篇。

这套书是全面了解苏霍姆林斯基的经典图书。

第二是"循序渐进"。同样的材料，同样的问题，"序"不一样，效果也不一样。为什么呢？序是知识结构跟认知方式的吻合。材料，数学化也好，生活化也好，这都是材料，你这个问题问得好不好，什么样的人问什么样的问题。

◎ "我主要思考课堂问题"

【访】像人的全面发展问题，教育与生产劳动相结合这样的问题，您思考过吗？

【俞】这些问题不是我思考的问题。我思考的主要是课堂问题，是课堂教学。那两个问题都是战略性的问题。以实践层面的立场，我重点思考的是如何给学生一个愉快的学习过程。我们没有办法带他们去参加生产劳动，我只是尽力让小朋友的学习变成一件愉快的事情。我记得《教育过程》里面有句话，原话我忘记了，大概的意思是说，有成千上万的老师在做这项工作，为什么不把这个过程变成一件愉快的事情呢？

这就是我想的一个问题：为什么不把我的课堂变得愉快起来，为什么不能让我的学生忘记吵？

其实，跟教育有关的人都是很累的，比如，家长累，教师累，学生也累。为什么会这样呢？有很多人都责备考试，埋怨考试，认为是考试把大家搞得这么累。其实不完全是考试的原因。考试可以给人带来成就感。我们喜欢考试，尤其是考了高分后会非常开心。大家实际上指责了不该指责的东西。为什么去指责那些不该指责的东西呢？那是找借口推卸责任。因为考试没有主人，国家就是冤大头。（呵呵）我个人的世界基本上在课堂上，思考的问题也主要是课堂教学问题。

![访谈手记]

小学数学的课堂教学问题是俞老师最关心的问题。让课堂教学变得愉快起来，这就是俞老师从教以来一直在思考的问题。这也是一个很古老的教学问题。孔子说：知之者不如好之者，好之者不如乐之者。（《论语·雍也》）

无论是对什么，只要能乐在其中，就达到了一个很高的境界。俞老师追求的实际上是教学艺术的最高境界。

◎ 教师懂点医，学生能受益

【访】学中医对您有帮助吗？

【俞】我发表过一篇文章《教师懂点医，学生能受益》。我觉得医生的心态和老师的心态是不一样的，学医对当教师有帮助，所以，在文章最后，我说，也许将来的师范教育要让学生学点医。

教师是基于学生"正确"这样一个角度去上课。所以，我们拒绝错误，讨厌学生犯错误。学生一犯错误，我们通常的做法是第一遍改正，第二遍训过去，第三遍骂过去，第四遍扔过去！但是医生不会的。医生觉得你生病是应该的。病人到医院看病，医生不会问你："为什么要生病？"

我发现学医对教师很重要。医学是研究人的，教育也是研究人的，二者有相通之处。因为不是搞专业的，我也只是借用中医的思考方式来思考教育问题。我觉得很受益。比如西药，它是一种药，通治百病，对不对？而中医呢，它是辨证施治。比如感冒，西医里都是同一种药。在中医里，它会根据不同人的体重给药。中医里没有划一的东西，它是对症下药，因人而异，随量增减。这个用到我们教学上，就是"因材施教"。

教育是一门至浅至深的学问。谁都可以当老师，谁都不敢当老师。讲出来的那种感觉和中医是很类似的。

为什么教育让我们感到很无奈？谁都想找个办法出来，结果谁都以失败告终。包括杜威，你能说他成功了吗？他无非说了一些想法，很有道理而已。实际上，他也没有成功。教育就是这样的，永远伴随着失败，但同时也是成功。成功和失败就是这样的关系，不要说什么成功与失败，失败就是成功，成功就是失败，这就是教育。所以，我现在就是用中医的思维方式来认识教育。

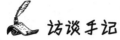 **访谈手记**

　　俞老师学过中医，所以对中医特别地推崇。在俞老师看来，中医这门学问得有天赋的人来学才行，我们普通人是很难入其堂奥的。虽然他没有成为一名医生，但中医理论对他的思想的影响还是很深的。所以，在他眼里，教育也是一门至浅至深的学问。所谓"至浅"，就是不管懂不懂，谁都可以对学校的工作指手画脚，发表意见。所谓"至深"，是指教育是培养人的心灵的工作，是比医治人的身体更为复杂与细腻的工作。

　　"教育人是艺术中的艺术，因为人是一切生物之中最复杂和最神秘的。"①

◎ 20 年没有中断地思考的问题

　　【俞】我喜欢找有意义的问题来研究。比如关于学习困难的思考，20 年来我一直都没断过。起初和学生一起打扑克就是为了使学生进步，因为补课总不是个办法，我觉得总有比补课更好的办法，所以就去找原因、找方法。那两篇文章（指《不让一个学生落后》和《原因来自老师》两篇文章）就反映了这些年来我对学习困难生的思考。在我看来，不是只有学习不好的人才有学习障碍，读书读得好的人也是有学习障碍的。学习障碍是每个人都会遇到的。当学生遇到学习障碍的时候，是需要老师的帮助的。那老师该怎么帮助他呢？所以，就要去找原因。我现在认为，所有学习困难的原因基本上源于准备不足。这个准备包括他的知识准备，他的思维方式的准备，他的心理准备、情绪准备，这些都会影响他的学习。

　　老师对于学生的意义，就是在学生有困难的时候能帮助他。作为一名数学老师，我也就思考两个问题，一是让学生喜欢上我的课，二是怎样不让一个学生落后。

　　【访】人们都说您是怪才，这是为什么？

　　【俞】在思考的过程中，我就有新东西出来了。比如，我在上"一个和半个"的时候，别人都听不懂，说这是什么意思啊？他们觉得很怪。再比如"举

---

　　① 夸美纽斯. 大教学论 [M]. 傅任敢，译. 北京：人民教育出版社，1984：8.

一反三"这个课，别人会问你为什么这样上？我觉得人学习知识需要有一个打通的过程，要融会贯通，所以，我在六年级的时候就把这些知识给贯通了。从小数的意义到小数的性质到小数的计算再到小数的应用等，就是这样一路下来，把小数分数整数全部打通。我觉得这个过程很重要。那些老师们看了，就想，"咦，我怎么没想到，你怎么就想到了？"所以，他们认为我是个怪才。

我上这些课，就特别注意教小朋友对他一生都有用的东西。比如"目录"。上了这堂课，学生的学习品质会发生改变。

访谈手记

读书可以怡情，读书可以博彩，读书可以长智。苏霍姆林斯基说，"每天不间断地读书，跟书籍结下终生的友谊。潺潺小溪，每日不断，注入思想的大河。读书不是为了应付明天的课，而是出自内心的需要和对知识的渴求"①。"读，读书，再读书"，"要把读书变成教师的精神需要"。②

教师的天职是教书育人。要教好书，就得读好书。很难想象一个不爱读书的教师能教好书。读书应该是教师的一项工作。读书更是教师发展的动力源泉。通过持之以恒的阅读，教师的各种教育素养才能得到提高。

弗兰西斯·培根说："读书的目的不是为了驳斥先知，也不是为了盲目相信先知，更不是为了找一些茶余饭后聊天演说的话题，而是为了思考，认识事物的规律。"③

俞老师爱读书，也爱思考。听俞老师谈他读过的书和思考过的问题，就像聆听一个智慧的学者的教诲。在这一时期，什么荣誉啊，奖励啊，都跟他无缘，他沉浸在读书和思考之中，享受着精神上的愉悦和自足，过着一种非常充实的快乐日子。

---

① 苏霍姆林斯基. 给教师的建议 [M]. 杜殿坤，编译. 北京：教育科学出版社，1984：7.
② 同①，第 16 页。
③ 培根. 培根论人生 [M]. 苏菲，译. 北京：团结出版社，2004：259.

1998—2002 忽如一夜春风来

1998 年，俞老师刚好 30 岁。人都说三十而立。这时的俞老师成了家，做了爸爸，还发表了大量的文章，稍稍有了些名气，各种机遇也频频降临。仿佛在突然之间，他得到了幸运之神的眷顾。

俞老师说，这是他觉得最幸福的一段时光。

重新做回学生的感觉真好

第三章
是金子总会发光的

"是金子总会发光的"，这是中国的一句古话，一般人常用来自勉和勉励他人。这句话有三层含义：一、首先这个人得是金子；二、这颗金子得有人发现；三、还得有一个展示金子的平台。

　　俞老师是不是一颗"金子"呢？中国还有句古话叫"十年磨一剑"。俞老师十几年来，坚持读书、思考、教学、写作，像他这样聪慧的人，十几年的教学磨砺和知识的积累足以成就他的才智。然而，俞老师的性格比较内向，他并不擅长表现自己。他就像一粒埋在沙子里的金子，等待着别人来发现。被人发现和赏识后，俞老师的智慧之光才得以释放。如果没有这些赏识他的人，俞老师的个人成长可能又是另一番景象。所以，在俞老师的成长道路上，被人发现和赏识是非常重要的。

　　当然，更重要的还是社会大环境的变化。像俞老师这种爱读书爱思考的人，要是生活在"文革"，是不可能有幸福感的。新世纪以来，我国政治经济文化各领域的改革已进入深化阶段。《面向 21 世纪教育振兴行动计划》的颁布与实施，更是直接推动了我国教育事业的健康发展。"跨世纪园丁工程"也给广大中小学教师开拓了专业发展的空间。正是在这样一种大环境下，俞老师才有了发展和展示自己的平台。从市里走向省里，从省内走向省外，他个人发展的平台越来越大。我们更多的人看到的就是站在这个平台上的俞老师。

◎ "写小文章让我有了名"

【访】俞老师，从1998年到2001年，您在《浙江教育报》发表了多少篇文章？

【俞】嗯，一共有36篇。《浙江教育报》是每个星期两份。那段时间，我对教育问题开始有了自己的想法。我就把它写出来，投给《浙江教育报》。《浙江教育报》几乎每一期上都有我的一篇小文章。每天到办公室里翻开报纸，看到自己发表的文章，就很有成就感。因此，我很喜欢到办公室去。（呵呵）我觉得这是我最快乐的时候。当时的感觉就是好像每天都很有奔头。

当时，有个兄弟学校的老师组团来我们学校参观学习，有个老师对我们的校长说："我想见见俞正强。"我们校长就把我叫来了。我跑去办公室，和这个老师见了面，也没说多少话，他就说："你就是俞正强啊！"我说："是啊。"然后，他就说："想不到你这么小，文笔就这么老辣。"那时我刚30岁，也不算小了。估计那个人也喜欢看报纸，看到了我的文章，可能以为我应该是年纪很大的前辈，就很想见见我这个人。其实也就这样，见到了也就满足了，并没说多少话，交流些什么。

那个时候，我到其他学校去，有老师说："俞老师，我很喜欢你的文章，我都把你的文章剪下来收集起来了。"其实，他们是在恭维我呢。

【访】看来，那时候您就有"粉丝"了。那您还记不记得，第一篇文章是在什么时候发表的？

【俞】大概是1988年，具体已不记得了。以前我也发表过一些非教育类的文章。这些文章主要发表在《金华日报》上，大多是一些散文。我呢，主要是写征文，因为征文容易发表。在金华市的一次征文活动中，我曾经拿过诗歌二等奖。还有1997年香港回归的时候，我写了一篇《在香港教普通话》。还有一次，有个关于"文明"的征文，我写过一篇文章叫《富润屋，德润身》。

【访】这些文章您还有吗？

【俞】我估计都找不到了。那时都是手写的，就用那种方格纸。我的文章还是很多的。可惜这些文章都找不到了，我都没有留存。我还给其他老师写过一些通讯，比如《立足课堂一个点，拓开教育一片天》，这是我写我们那个校长的。我们那个校长很好，我就写了一篇通讯稿，2000年发表的。还有一个老师也不错，我给他写了一篇通讯叫《囫囵吞枣的老师》。这个老师是一个很好的人。他教小朋友上《囫囵吞枣》，为了演示给小朋友看，他真的把枣子吞掉了，本来是想做做样子的，结果把枣子给吞下去了。真是好难过，好难过的呀。他讲给我听，把我笑死了，我就给写下来了。

我身边的这些老师，好的我就给他写下来。那时候我也喜欢写。在当副校长前，我还当过教科室主任，负责老师们的业务培训工作。学校搞了一些活动，我就写了一篇这方面的通讯稿，叫《不经寒彻骨，哪得香如许——记金师附小教师专业发展培训》。

我写的那些文章现在看上去当然还是很幼稚的。那段时间我的心情还是不错的。白天上课很有味道，上完课就写写文章，回家就抱抱女儿，感觉很幸福。那时候，我真的写得比较多，也很乐意写。天天像陀螺一样地转个不停，一点都不觉得累。

再后来，就有一些文章主要发表在小学教师、小学数学方面的杂志上了。那时报纸不给我发文章了，因为我的文章变长了，已不适合在报纸上发表了。

最近这几年，我主要思考管理方面的问题。可能再过几年我还会有一个发表文章的高峰期。这几年主要是获取想法、积累素材。

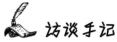 **访谈手记**

追求幸福的生活是人所共有的天性。问题是，什么样的生活才是幸福的呢？住豪宅，开名车，穿名牌，食山珍海味，到世界各地去旅行，也许是一些人憧憬的幸福生活。而俞老师呢，只是上上课，写写文章，抱抱孩子，就已经感觉很幸福，很幸福了。

俞老师的幸福生活就这么简单，因为他总是低着头找幸福。

◎ 1999年，幸运之神降临了

【访】您会不会觉得自己是突然成名？

【俞】也可以这么说，有点出乎意外吧。我真的心存感激。可以说1999

年之前都是很平淡的，有时心情也很郁闷。后来找到舒解的途径就是写文章。是写文章让我的生活变得充实。后来呢，发现身边的环境慢慢地改变了。大家器重我了，然后，慢慢取得了一些机会。现在呢，在校长这个平台上我又碰到一些困难，我相信环境会慢慢改变的。总的来讲，我的一个体会就是人在不顺利的时候，不要怨恨。

【访】究竟是什么原因，让您身边的环境在1999年发生了变化？

【俞】应该说跟一位领导有关。有一次金师附小搞了一个关于减轻学生学习负担的青年教师论坛，当时，我参加了论坛的发言。那次我讲得很好，发言时间都到了，老师们还不让我下去，让我继续说，这给他印象很深。他说："这个人不错，让他去学一学吧。"就这么一个机会，却改变了我的命运。应该说，这位领导是我生命中的一个贵人。从那以后，我就转运了，一直到现在都有人赏识我。

1999年，原来不喜欢我的校长也换掉了。新校长很赏识我，对我也不错。他给我一些工作机会，让我负责学校的教科研工作。2000年还让我做了副校长。那几年，可以说，学校里开始培养我了。没过两年我就出去做校长了。

现在的局长也很欣赏我。虽然我不会跑东跑西的，但我比较会做事。我把学校管理得不错。虽然社会风气不怎么好，兴什么拉关系走后门，但我始终认为，任何一个领导都需要干活的人，因为领导也希望学生有好成绩。一个人只要愿做事，能做事，总会得到人家的赏识的。

总之是一分耕耘一分收获，只要有努力就会有收获。回想起来，我对很多人都心存感激。我很想写点东西，表达我的感激之情。现在回过头去看，其实那些对我不好的人也在帮助我进步。学生帮助了我，老师在帮助我，对我好的人帮助了我，对我不好的人也帮助了我。人啊，真的要有感恩的心，即便是对小人也是这样，因为没有小人，人不会变大。就因为你不断地包容小人，所以你的心胸会变大。我当校长的时候，我的心胸变得越来越大，因为我能够包容的人越来越多。

【访】那您在数学教学上有没有展示过自己？

【俞】我自己没什么可以展示的了。但我的学生考试考得很好，经常拿整个市区第一名。我没拿过奖，但我的学生获奖还是很多的。我是市奥林匹克数学竞赛的总教练。我自己很少参加什么教学比赛，因为那时老师的教学比赛没现在这么多，像教坛新秀什么的，基本上三年一次，机会很少。

我上的真正意义上的第一节观摩课就是"错的研究"。那是吴卫东老师给我的一个展示平台，是在名师班上展示的。2001 年我在杭州西博会（西湖博览会，笔者注）上上了一堂"目录"。西博会本来是和教育没有关系的，后来浙江省在西博会上设计了一个教育的内容，就是"中国名师名校长论坛"。我上的"目录"这堂课在省内也很有影响。

◎ 关键事件："跨世纪园丁工程"

【俞】影响我成长的另外一个关键事件就是中国 2000 年左右的"跨世纪园丁工程"。在我看来，这真是一件功德无量的事情。它真是提升我们的水平的。从那时起，我才有机会到浙江教育学院读书。到教育学院读书，才遇到了吴卫东老师。吴老师给了我很多展示的机会，她对我的帮助很大。之后，我又到辽宁师大去读书。那是一个国家级的培训。我的运气很好，参加了省级和国家级两个培训，长了不少见识。后来，到北师大做高级访问学者①，收获也很大。这些经历对我的成长帮助很大。这种帮助不像学生那样，有种炸开脑袋的感觉，它是潜移默化地影响着我，使我感觉自己有文化味了。尤其是在北师大，因为是高级访问学者，和老师们接触并不多。郭华老师是我们的班主任，我的导师是余雅风老师，她们对我都挺好的。北师大给人的整个感觉就是很人文、很儒雅。走在这种学校里的感觉很好。

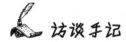 访谈手记

1999 年，教育部颁布了《面向 21 世纪教育振兴行动计划》，这是当年的一件教育大事。就在该行动计划中，政府把实施"跨世纪园丁工程"作为基础教育领域的一项主要任务来抓。全国各省市自治区纷纷落实该项工程，举办了各种各样的名师班和名校长班。俞老师很幸运，被选送参加了浙江省和国家级两级的培训。

---

① 这是浙江省的一个名师培养计划。浙江省教育厅从全省中小学教师中选拔优秀代表，送到北京师范大学等著名高校以高级访问学者的身份进修学习。俞正强老师作为第一批中的一员于 2006 年初来到北京师范大学教育学院，访学生涯长达两年，一直持续到 2007 年年底。学习期间有集体授课和一对一的导师辅导，他们被要求提交教学案例和论文，结业时进行论文答辩。

资料库 3-1

跨世纪园丁工程

......

二、实施"跨世纪园丁工程"，大力提高教师队伍素质

8. 大力提高教师队伍的整体素质，特别要加强师德建设。3年内，以不同方式对现有中小学校长和专任教师进行全员培训和继续教育，巩固和完善中小学校长岗位培训和持证上岗制度。加强中小学教师继续教育的教材建设。中小学专任教师及师范学校在校生都要接受计算机基础知识培训。2010年前后，具备条件的地区力争使小学和初中专任教师的学历分别提升到专科和本科层次，经济发达地区高中专任教师和校长中获硕士学位者应达到一定比例。要加强和改革师范教育，提高新师资的培养质量。实力较强的高等学校要在新师资培养以及教师培训中作出贡献。

9. 重点加强中小学骨干教师队伍建设。1999年、2000年，在全国选培10万名中小学及职业学校骨干教师（其中1万名由教育部组织重点培训）。通过开展本校教学改革试验、巡回讲学、研讨培训和接受外校教师观摩进修等活动，发挥骨干教师在当地教学改革中的带动和辐射作用。

10. 实行教师聘任制和全员聘用制，加强考核，竞争上岗，优化教师队伍。2000年前后，要通过提高生师（包括职工）比、下岗、分流富余人员等途径，优化中小学教职工队伍，提高办学效益。同时，要拓宽教师来源渠道，向社会招聘具有教师资格的非师范类高等学校优秀毕业生到中小学任教，改善教师队伍结构。认真解决边远山区和贫困地区中小学教师短缺问题。要进一步完善师范毕业生的定期服务制度，对高校毕业生（包括非师范类）到边远贫困的农村地区任教，采取定期轮换制度，并享受国家规定的工资倾斜政策。鼓励各级政府机关公务员到中小学任教。

......

（摘自《面向 21 世纪教育振兴行动计划》）

俞老师的个人发展也是一路春风。2000 年获浙江省教育科研先进个人奖，2001 年顺利获得中学高级教师职称。2001 年又作为小学数学系统的骨干教师参加了浙江省的"5522 工程"①。2002 年 9 月被评为浙江省数学特级教师。作为一名教师，俞老师的个人发展已经到了一个高峰。

以后的路该怎么走呢？

◎ 到胜利小学当校长

【访】2001 年，您为什么从金师附小到胜利小学去了？

【俞】因为另一个学校的校长提拔到教育局当副局长去了，所以这个学校校长的职位就空出来了，教育局就为这所学校公开招聘校长。我呢，是属于那种活动能力不大强的人，那时我已经在金师附小做副校长了，学校领导和一些老师对我说："你去招聘吧。"我说："好。"先参加招聘的笔试，结果我考了第一名。然后，参加面试。结果评委就说我不行。为什么呢？据说是，我讲话声音这么轻，人又长得这么瘦，怎么能镇得住那些老师呢？真是奇怪了，我心里说："老师是靠镇的吗？老师是要照顾的呀。"后来领导还是安排我去胜利小学做了校长。

【访】那您可以不去啊！

【俞】是啊，我说："我可不可以不去啊？"领导说不行，因为这是党组讨论决定的。那我就去了，服从组织纪律嘛。我现在觉得去胜利小学是对的。那个学校当时太弱了。胜利小学曾经是这个城区排在第三位的学校，学校的历史悠久，有上百年的历史，但是由于没有发展好，大概在 1998、1999 年的时候，这里的老师走了不少。学生数锐减，学生很少，大概只有 300 个学生；退休老师却很多，大概有 70 多个退休老师；在职老师 38 个，它实际只需要 20 多个老师。它的教室也很破烂。它是有人没活干，有人负担很重。就是这么个学校。这个学校的老师对我评价很好，我要到他们那里当校长，他们说："我们开始有希望了。"我觉得到那个学校去还是很有

---

① "浙江省中小学名师名校长计划"，简称"5522"计划，即从 2000 年起，浙江省用 5 年时间，在全省重点培养中学和小学名教师各 500 名，中学和小学名校长各 200 名。

奔头的。

2003年暑假我又调到站前小学了。在胜利小学大概一年半的时间。

从我个人的规划来说，前面16年我是努力做一个好老师，后面16年呢，我再争取做一个好校长，正好用32年时间。我18岁教书，32年后就到50岁了，然后退休。退休之后我想做一点自己喜欢做的事情。现在的公立学校，有个很大的问题就是校长的主动性很小。公立学校的校长呢，财权没有，人事权没有，就等于"手上戴着手铐，脚上戴着脚镣"，还要把这个小学做好，是相当辛苦的。不过，我觉得在这种情况下，摸索怎样把一个普通学校做好，在我们中国还是很有意义的。

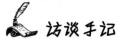 **访谈手记**

俞老师和许多优秀教师一样走上了"教而优则仕"的道路。人们对这一现象的认识褒贬不一。支持者认为，优秀教师从事管理工作一方面能够提升教育管理水平，另一方面，对这些教师本人来讲，则有了更大的平台和发展空间，能充分施展个人才华，实现个人价值。反对者认为，优秀教师教学能力虽强，但不一定擅长管理。让不擅长管理工作的好教师去从事管理工作，不但不能提升管理水平，反而还会牺牲了教师的业务发展，让社会失去更多的好教师。教师易得，但好教师难得。这样做有点得不偿失。这两种观点都持之有据，各有各的道理。

不过我以为，这样的事情还是要具体来看。我们应该看到在优秀教师当中，有不擅长管理的，也有擅长管理的。是擅长还是不擅长，你得给他一个机会来试试。教育是很复杂的一项事业。不懂教育教学的人来管理教育难免会犯错误。其实，大量的事实证明，大多数优秀教师还是能成为优秀的教育管理工作者的。我国当前涌现的很多名校长都是从名师中选拔出来的。

俞老师有了展露管理才能的机会，这总是一种进步。实践最终也证明了，他的确是一位很好的校长。

◎ "吴卫东老师对我的帮助很大"

【访】您大概在什么时候成名的？是谁发现了您？

【俞】这都是吴卫东老师的功劳。吴老师有一次让我们上课，我用一个题材上了一节课，她很欣赏我，说："人家一节课都用了很多材料，你一点点材料就上了一节课。"主要是吴老师培养了我。吴老师是我的命中贵人啊。她给我一个机会作讲座，她发现我的讲座作得也挺好的。我就把一些想法讲给她听，就像我们现在交流一样，她就给我一些讲座讲讲，大家也就都认可了。

 访谈手记

在我们访谈浙江的这批名师的时候，他们都不约而同地提到浙江教育学院的吴卫东老师。俞老师对吴老师的知遇之恩发自内心，溢于言表。他说要是没有吴老师也就没有他的今天。这个吴老师究竟是何方神圣，能让这些名气甚大的老师念念不忘，感激不已？说来也巧，我们在宁波的时候，吴老师也恰好到宁波出差。我们有幸一睹这位伯乐的风采并对她进行了访谈。

原来，吴老师是上世纪80年代的研究生，据说这个时期的研究生的水平相当于甚至高于现在的博士水平。她的导师是国内著名的教学论专家董远骞先生。谈笑风生间，你能马上感受到吴老师身上蕴藏的深厚的教育素养。

让我们来听吴老师说说，她是怎样发现俞老师的吧！（见资料库3-2）

◎ 教学生研究错误

【访】我们一般都是教学生要正视错误，有错就改，很少有人想到去欣赏错误。您怎么想到教学生去研究错误、欣赏错误呢？

【俞】小数四则混合计算对学生来说，会做容易，做对就很难了。学生

资料库 3-2

吴卫东老师谈俞正强老师

【访】您是怎么认识俞正强老师的？

【吴】在一次论文评比活动中，俞老师的论文获了一等奖。在海宁开表彰会的时候，每个获奖的人都要到台上去讲话。我去的时候，俞老师正在说，"大家都认识字的，不是文盲，都看得懂我的论文，所以，论文我就不讲了。我就讲讲，作为一个老师，我现在对教育的一些思考。"他是很独特的一个老师。当时，他就打了很多的比喻，比方，他现在遇到的这种困惑，他说："我们好比说，一个人拿着一张船票，到了码头，码头周围呢，停了很多艘船，一艘船上写着'素质教育'，有的写着什么，都是口号式的。我们一线的老师就不知道该上哪艘船。"他那段话，很生动，大家边听边拍手，很认同他，然后，我对他就有了印象。我是第一次认识这个人，因为他实在太独特了，他的长相也很独特，印象很深。

后来，我们做"5522 工程"的教师培训，我是他们的班主任。他们这些人来报到的时候，我其实很担心自己能否胜任，因为我自己没有上过小学数学，对数学不熟悉，也没在小学待过，而且他们很多人当时就很有知名度了。在跟他们交往的两年，包括现在，我们都还保持非常好的友谊，我觉得还是很有收获的。他们身上有很多东西，是我这样的一个读书背景的人不可企及的。

【访】您给俞老师的书写过序？

【吴】是的。他在研究一个准备课程，是他的硕士毕业论文。他想发表，就让我写个序。俞老师的课很有个性，一般人是很难模仿的。我称他的课是一种概念课，他的课不是训练学生的技能，也不是传授某种知识，而是转变人的一种观念，或者说一种思考问题的方式。我听过的、印象很深的课有三次：第一次，就是我们培训班结束的时候，我们组织了一次大型的毕业展示活动，在我的家乡做的。在这次展示活动中，他上了一次课，叫"错的研究"。他当时的定位呢，因为要靠原来的老课嘛，老课里面的分类也就是什么练习课、复习课，他就说他想上一堂练习课。他出了四道题，让小朋友前一天把四则混合运算做了，然后他批改了一下。第二天上课之前，他就调查，他说："你们觉得自己全对的举手。"36个孩子中大概有30个孩子举手。然后，他就说："你们太自信了，我改了一下，你们至少有20个人是有错误的。"接着他就说："我们的错误很普遍，所以我们就要研究这个问题。"

后来是我评课，我说，他整个一堂课就是一篇非常好的论文。他首先从认知层面让孩子感受，为什么今天我要学这堂课。因为错误很典型，很普遍。第二个，就是情感层面。他说："当一个人犯错误的时候，我给你三种情绪，你选择一下：一个是很喜欢，一个是很紧张，一个是很害怕。"小朋友大部分不会选择"很喜欢"，大部分选的是"很害怕""很紧张"，并说："我害怕老师批评我啊。"他就说："就是这样让你从认知和情绪上都感受到有麻烦的这么一件事情，让我们来解决它。"我觉得，他非常好地调动了学生学习的一种情绪，一种认知的需要。然后，他就让他们进行分类了。因为对于一个复杂的事物，它的错误有很多不同的类型，那我们怎么办，首先就是要进行分类研究。再接下去，他就归因分析，让学生自己来归因，他不是老师来概括的，他叫一个孩子起来，"××小朋友，你觉得你为什么这么错了？"很多孩子都说："我太粗心，我不认真，我马虎了。"然后，他就对他们这种观点提出了反驳。他说："任何数学学习的错误，其实它都有知识的不足和能力的欠缺，如果你们归因不归到这个上面，就是泛泛而谈。"说自己很粗心啊，不认真啊，这是无法更改的，所以，他让小孩子归因，最后他要上升到一种新的认识，就是人人都会犯错误，不要害怕错误，去接受它。

后来，他在西博会（西湖博览会）上也上过一堂课，也很精彩。他是第一次参加这样的展示活动，他上的这堂课的名称就叫"目录"。没有人拿这个来上过课，这就是教材，它永远存在，但是没有人想到去开发它。他就把这个拿过来上了一堂课。

后来又有一次，我带他们班做一个教学实习。在实习中，他上了一堂六年级的复习课，就是按照这个材料上的。他可以把所有的小学数学，从数学代数，包括整数、分数，一直到空间图形，然后到学习思想方法，他用三组材料可以全部把它串联起来。我觉得像这样的老师是很有智慧的。他也看了很多的书，精通中医理论。应该说他的思考也有一定的境界，他对自己的人生也有自己独特的定位和想法，他确实是非常优秀的一位老师。

【访】那别的老师听完他的课，有什么反映？

【吴】大家都说，他太有才了。他很有才，但他的思维是另类的。他的课，我们可以欣赏，也可能对自己有启发，原来这样的课还可以有这样一种上法，但是很难模仿，所以我称他是另类。

【访】那对他的那些学生有什么影响？

【吴】我感觉比较优秀的学生，比如说一年级让他来带的话，会比较好。但对那些思维比较慢的学生，可能会有些问题，但具体我也没有调查过。我只是现在通过他的公开课，观察课堂上那些举手发言的孩子，一般都是比较聪明的孩子跟他回应，跟他交流。但是俞老师上课，像我们传统意义上的基本功，比如字写得多漂亮，普通话有多标准，这个就很难说。不过我觉得，一个人只要有自己的特点就可以了。他涉猎面比较广，书读得很多，往往能想到我们常人想不到的事情。

面对自己的错误，经常想不通，怎么会错在这么容易的地方呢？于是就怪自己粗心。一旦把原因归结为粗心之后，学生就不再重视自己的错题了，然后就把它扔在一边，不再理睬它了。学生不论学业优劣如何，都会做错题的，都会因做错题而烦恼。多数学生订正错题的动因是老师的压力。老师说："你这道题做错了，给我订正。"好，那就订正过来。其实错误能够给我们提供很多信息，甚至是合理的思维方式。所以我就想设计这样一个课，帮助学生正视错题，养成科学的"订正习惯"，正确地对待错误，甚至欣赏错误。

【访】那您是怎样设计这个教学过程的呢？

【俞】我设计了一节"四则混合计算错题讲评课"，是给六年级上的。正式上课前，我提前一天给学生出了四道题目，让他们去做。做完就交给我批改。第二天上课一开始，我就问学生："认为自己全做对的同学举手。"嗬！他们都很自信。大部分学生都认为自己全做对了。我就说："你们太自信了，有一半的同学没有全做对呢。"他们不相信，我就把他们做错的题一一指出来，然后开始一一进行研究分析，学生们才认识到自己是真的错了，知道自己错在了什么地方。接着我就问他们："这些错误，对你来说，感到是讨厌、害怕还是喜欢？"我让他们填空，然后进行统计，统计的结果是：共36名学生，表示讨厌的有36人，害怕的有11人，没有一个人喜欢做错题。这也符合实际。谁喜欢犯错误呢？然后我就和学生一起解剖材料，寻找出错的原因。我希望通过材料分析，帮助学生认识到错题对学习是很有意义的。

【访】您怎么能让学生认识到错题也有意义呢？

【俞】首先，我给学生三个问题讨论。一个是：我们为什么都讨厌错题呢？第二个是：这种简单的四则混合运算，我们能保证自己不会做错吗？第三个问题是：错题将伴随我们的整个学习过程，那么，错题难道真的一无是处吗？

学生们的讨论很热烈。第一个问题讨论的结果是，学生讨厌错题是因为错了就会受到批评，考试分数也低，还影响自己的心情等。第二个问题讨论的结果是，错题是避免不了的。第三个讨论的结果是，错题能告诉我们错误的原因，帮助我们改正。

第二个环节，我就和学生一起分析这些错题的错误原因。我们一起概括出几条具体的原因，比如书写不规范，引起误认；数字感知错误和常用分小数互化不够熟练精确等。

第三个环节，就是讨论对策，改正错误。我的意图是：在分析错误原因的基础上，培养学生审视学习状况、谋求进步的能力。我让学生分小组讨论，要求他们给这些犯错误的同学提一条自己小组认为最中肯的建议，并书写于演示板上。讨论完，9个小组基本上都写了"一想二做三回头"这个经验，估计与老师的教有关。接着，我就给学生提了一个问题："我发现我们同学的错误原因是各有不同，而同学们提的建议却千篇一律，这样妥当吗？"学生们就开始议论了。我说："我想你们提的建议比较适合粗心的同学。"学生们说："是的。"我又问："可是，在同学们概括的原因中有'粗心'这一原因吗？"学生们沉默了一会儿，说："没有。"我就说，"那粗心不是错误原因，我们要改正这种不正确的错误归因。"

第四个环节我就教学生欣赏错题了。希望通过对错题的欣赏，改变学生对错题所持的态度。我说："老师要求大家讨论一个问题，如果老师要求同学们从这三种错题中找出一个你喜欢的错题，你愿意选择哪一种？为什么？"然后我就给学生材料让学生选，学生都选了B，认为它的计算过程比较简洁。我接着问："与正确解题相比较，你认为错题有什么优点？"学生自然是七嘴八舌了。最后得出的结论是：错题中蕴涵了丰富多彩的信息。

第五个环节是课堂小结，把本课时的体验提炼为一种认识，让学生讨论这节课的收获。学生们说："①错题其实是很有用的，可以告诉我们知识缺陷，启发我们有价值的思考，帮助我们少犯错误。②错题不必害怕，虽然讨厌，其实也不讨厌。③我们开始有点喜欢错题了。"我让自认为对错题的态度有所改变的学生举手，结果全体学生都举了手。

最后我又把对错题的认识推广到对做错事的认识，帮助学生形成正确的错误观。我说："今天我们改变了自己对错题的认识，推而广之，这种对错题的认识能使你联想到什么？"学生们说："不怕犯错，做了错事仔细推敲，吸取教训。""我们不怕犯错，是不是意味我们可以犯错？或者多犯错误？""不是的，还是要少犯错误，因为错误是要付出代价的。"最后得出的结论是：珍惜错误，正视错误，少犯错误。

【访】难怪吴老师说您上了一堂哲学课。

【俞】是的，吴老师是这么说的。这节课上得很成功，课堂气氛活泼而不失严肃，新奇而又十分熟悉。听课的老师们反响也不错，有的老师说：听这堂课就是一种享受。课后我也对这节课作了深刻的反思。

【访】是吗？您是怎么反思的？

【俞】我从三个方面进行了反思。首先我觉得错题给错误观的培养带来了契机。数学教学的三大核心问题是动力、方向和途径。其中动力、方向这两大问题均与教学目标有密切联系。这节课将学生导向何处是很重要的。我这节课的导向过程基本上是这样的：

错题呈现──→错题分析──→订错应对──→错题欣赏──→推而广之……

起点是学生学习中习以为常的错题，从错题的分析、订正到欣赏，学生对错题的认识，渐渐地离开了狭隘的知识性错误，对错误有了比错题本身更深刻的体验。再通过推而广之，让学生们的心灵跳出课堂，走进对人生的感悟。通过讨论，最后达成共识：错误是不可避免的，错误是要付出代价的，珍视错误，少犯错误。这样学生就被导向了人生发展的层面。

从学生的角度来说，他们的体验也是层层深入、步步递进的，从外在的数学计算错误，渐渐地接近人在发展中的两大问题──成功与失败，并且体会失败的不可避免，失败之于成功的重要，这种人生的本源体验能激发学生的探究动力。

我反思的第二点是：错误观的培养实现了错题的资源价值。

教师是课程的最终实现者，教师与学生在课堂中所实现的现实课程应包括两个层面，第一个层面是基于教学计划、教材所设定的材料，可预见地实施的；第二个层面是教学计划、教材所没有设定的，是以教学过程中衍生的材料为基础，随机而有创造性地实施的。

因此，教师在课程实施中，第一个层面是完成教材内容所指向的现实课程，尽可能地遵循知识的内在结构和学生的认知规律进行的教学。第二个层面是根据课程实施过程中所衍生的材料与问题，结合学生主体发展的需要进行教学。对于教师来说，第一个层面的课程是显性的，是基于教材内容而开发的，第二个层面的课程是潜性的，是基于学生的主体发展而开发的。如果教师所实施的课程只停留于第一个层面，那么，学生的数学学科体验就是单薄的，是游离于人的发展的；如果教师所实施的课程深及第二个层面，那么，学生所经历的学科课程则是深厚的、丰满的，与人的发展就融为一体了。

因此，作为教师，面对学生在学习过程中所衍生的许多教学计划之外的材料和问题时，不要仅从学科的角度，仅从知识掌握的角度去看待这些材料，而应从学生主体发展的角度出发，去认识、去发现这些材料对于主体发展的价值。因为这些材料是学生生命发展历程中的标记物，不论对与错，均记录着学生生命发展历程的某些特点。事实表明：学生对于来自衍生材料开发的教学设计具有更深刻的体验与学习活力。

我这节课，从数学错题到原因分析到订正再到欣赏，紧紧围绕着学生的三个错例展开，并在展开的过程中作了有深度的挖掘，充分实现了这一材料所具有的教学功能。同时，在挖掘的过程中渐渐展现了愈来愈浓郁的人文精神。我觉得，这是一节具有人文精神的数学课，也是一节以数学材料为载体的思想品德课。

【访】嗯，有道理。

【俞】第三点是：正确的错误观有助于学生的学业发展。

我这个课所针对的问题，其实是学生学习过程中常见的问题，就是少做错题，提高计算正确率。一般人都认为主要是学生粗心，要求学生做题的时候仔细点就行了。其实没那么简单。有时候学生是越仔细、越容易出错。久而久之，学生对错题就无可奈何了，连他自己也不知道自己到底做对没有。

这种困惑几乎是伴随着大多数学生的学业成长，也伴随着教师教学生涯的始终：学生明明会做，为什么还会做错呢？

我不认为学生做错题的原因是粗心。其实跳出课堂，从人的发展来看，学生做错题的原因可能是感知、计算技能缺陷、书写习惯等原因，这些原因具体、有针对性，所以我们就可以针对这些原因来订正学生的错误，促进学生提高。只是要学生"仔细点仔细点"还是太笼统了，不能从根本上帮助学生进步。

这样一来，学生的学业发展与人的发展就同一了。学业发展的结构吻合于人的发展结构，学业发展才能获得生命的内在动力。

访谈手记

这就是俞老师上的第一节观摩课。也许是因为第一次上观摩课就获得了很大的成功，所以，这节课给俞老师自己留下的印象是非常深刻的。同时，它也给喜欢思考教学问题的人提供了一个很大的思考空间。

从课的性质上看，这是一堂典型的研究课。研究的对象是：学习错误。常规教学里也有错误的订正，尤其是在系统复习阶段，这样的内容还是很常见的。大多数教师，一般都是直接一道题目一道题目地帮学生订正并解释原因。俞老师认为教师把错误归因为粗心是不对的，对这一点我有疑义。其实对个别小学生来说，粗心也是一个原因。当然这不是最根本的原因，最根本的还是知识和技能掌握方面的问题。大部分教师的课往往停留在这里，以帮助学生清晰地、彻底地掌握知识和技能为目的，忽视了错误给学生的心理和情感带来的负面打击。俞老师这节课研究的就是学生出错时的心理和情感反应。

这种研究带有明显的反省特征。事情已经发生了，错误已经摆在了学生面前。俞老师引导学生去反省这个思维的过程，不仅是认知层面，更看重的还是情感层面的。通过不断地、系统地反省，最终使学生树立了正确对待错误的观念。这节课不断地提升人的思维，从数学题开始，进入学生的情感世界，再进入更高的人生层面，师生的交流越来越深入。所以，他自己反思这节课有点像思想品德课，吴卫东老师说是哲学课，总之，到最后，这节课就离开了数学，俞老师已经不是在教学生学数学而是教学生如何感悟人生了。

把数学课上成了一堂哲学课，这既可以从正面去评价也可以从负面去评价。但不管怎样，这节课还是成功地展示了俞老师的个人风采。他的思维特点是倾向于抽象思维的。这跟他喜欢哲学书，看了大量的哲学书有关。通过阅读，俞老师从先哲那里获得了一种思维方式和精神力量，然后他又把这种东西渗透在他的课上，传递给学生。

这节课最值得肯定的是：这是一节有思想有内容有灵魂，耐人寻味的课。

◎ 给学生上了一堂"目录"的课

【访】您怎么想到把"目录"拿来上一堂课的呢？

【俞】我很喜欢读书。我们一般读书都会先看目录，了解这本书的内容梗概。其实教科书上所有的东西都是可以拿来教的。教科书上的目录就是这个课程的知识结构嘛。了解它就能对整个教材有整体感，对学习是很有好处的。我就想，为什么我们把这么重要的东西忘记教给学生了呢？所以我就设计了这堂课，想帮助学生认识目录在一本书中的作用，体会知识的整理方法，学会正确使用教科书。

【访】这个设计有点出人意料。

【俞】其实上起来很简单的。我先让学生讨论目录是什么。因为小朋友们都没注意过目录，所以这一问就引起了他们的好奇和兴趣。然后就让学生讨论：目录有什么作用？你什么时候会用到目录？我用投影把数学课本的目录和语文课本的目录打出来，让学生比较。结果学生发现语文和数学的目录有很大的不同。语文的目录可以调整，不按顺序来也可以学；数学就不行了，顺序一打乱就没法学了。讨论结果是目录很重要，它能起到呈现内容、指引路径、体现特征、整理知识等作用。最后是讨论目录和书的作用。

这节课之所以有影响，我觉得主要是从来没有人上过这样的课。这节课上过就完了，当时也没录像，连教案也找不到了，所以我也就没有再进一步反思了。

访谈手记

数学课上"目录"，也许只有俞老师才能想得到。难怪人们说他有点另类。

要我说，这其实是一堂读书指导课。会读书的人都知道目录是书的一个重要组成部分。如果把一本书比做一座房子的话，那目录就是这个房子的基本架构。了解了目录也就基本上了解了该书的主要内容。教科书的目录更是如此，因为教科书都是根据学科知识的逻辑和学生学习心理的逻辑精心编制而成的。教科书的目录提供的不仅是该书的内容，还反映了学科知识间的逻辑和学生学习的心理逻辑。数学教科书在这些方面体现得非常明显。

俞老师这次是把自己的读书心得拿出来和学生共享，他教会了小朋友怎么去读数学教科书。

◎ 把知识当"拐"卖

【访】网上有个老师说，听您的课感觉就像被您"忽悠"了一把①，这是怎么一回事？

【俞】这是我上"举一反三"的时候，一个老师说的。"举一反三"这

---

① 吴惠君. 听课札记［EB/OL］.（2005-11-29）［2007-10-12］. http：//www. xzsyxx. net/Ar-ticle/ArticleShow. asp？ArticleID=93.

堂课是一个复习课。我设计这节课的灵感主要来自"Google"。"Google"不就是输入一个关键词，然后搜索，就能找到与之关联的内容吗？我就给学生提供一份材料，由这份材料作为一个思维触点，以整个小学数学学习作为背景，以思维触点为指引，让学生作发散性思维，对所学数学知识作思维检索。在检索过程中，达到对数学知识的主动复习，并在复习中起到融会贯通的作用。

那次课我先给学生一个语言训练：让学生表达"吃饭"，要求是让人明白是在说"吃饭"，同时表达中不准出现"吃饭"中的任何一个字。然后是让学生用不同的方式表达"1/2"。接着给学生两组材料，让学生观察这两组材料有什么相同之处，然后再思考能否再找一些类似的材料。

这节课的反应也不错。课后互动的时候，有一位青年老师说："听俞老师的课，感觉你是赵本山，我是范伟，我被'忽悠'了一把，学生也被'忽悠'了一把。"我就说："我很高兴你这么夸奖我，如果我真能做到赵本山那样的境界，我应该自豪，但我应说明的是，我卖的是知识的拐。我希望能够继续在这善良的'忽悠'中卖出更多的知识的拐，让学生自觉地、主动地要这个拐。"（呵呵）

其实我这节课的设计特点在于对数学材料的组织复习，离开了知识表面的逻辑结构，进入了知识深层次的结构。这一课始终以一种思维方式或数学思想贯穿始终，而不是以知识的发展脉络作为主线贯穿，因此，这样的数学复习对学生的数学学习的意义是显而易见的。

我觉得，数学学习，要适当地给学生一点惊喜，让学生体会到数学原来是可以这样来学的。我这一节课就想告诉学生，复习的方法是多样的，是可以创新的。

◎ 一堂好课的标准

【访】您上了这么多精彩的课，您认为一堂好课的标准是什么？

【俞】关于好课的标准，我认为有三个"有利于"。

第一，就是有利于提高学生的分数，这是当老师的责任心。这是最起码的。课上得再漂亮，学生的成绩就是不能提高，当老师的也还是没尽到责任啊。

第二，有利于提高学生的思维力，这是做老师的良心。提高学生的思维力就是让学生变得越来越聪明。

　　第三，有利于愉悦教师与学生的心情，这是我的一点私心，我就是想让自己过得开心一点。你想想，既然我们天天要做这样的事，为什么不让这个过程变得愉快起来呢？

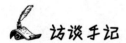访谈手记

　　新课改以来，教学评价改革的力度很大。在很多学校，尤其是在小学，基本上看不到分数了。取而代之的是描述性的评定或档案袋式的评价方式。这种做法的确比以往冷冰冰的分数多了不少的人情味。可是，问题是，习惯了用分数来衡量孩子进步的人们仍然还是想了解一个客观的学习状况。

　　到底用什么样的方式才能客观地表示一个孩子目前的学习状况，而又不伤害到他的心灵呢？恐怕这还是一个尚未解决的技术问题。

　　且不管技术上的问题，理直气壮地把提高学生的学习成绩作为衡量一堂好课的标准，在当今还是需要一点勇气的。虽然有很多人实际上这么做了，但他们不敢说。俞老师不但敢说，还认为这是做教师最起码的责任心。

　　说心里话，我很佩服这样的老师，不随波逐流，还能坚持己见，扎根实践，乐于创造。他们才是创造新教学、新课堂，描绘未来新教育图景的主体。

　　访谈期间，俞老师突然说："我就是一个标本。我觉得，像我这样一个标本，虽然谈不上有什么了不起，但是也能给人一些这样的启示，就是：自己一定要很有毅力地去为学生做事情。做啊，做啊，你就会有积累，有积累的时候，给你机会你就会表现出来了，不要怨天尤人。总之，做啊，做啊，突然有一天你就会觉得有收获了。"

朴实的人朴素的课

第四章
俞老师的教学风格

俞老师从 1986 年毕业到 2002 年被评为特级教师，一共用了 16 年的时间。这 16 年的知识和经验的积累，足以让一个又聪明又勤奋的人成为一名教学的能手。尤其是新世纪以来，通过几次有影响的展示课，越来越多的人发现，俞老师的课原来独有一种味道。

　　这究竟是怎样的一种味道呢？

◎ 朴素的人朴实的课

【访】俞老师，您的教学风格是什么？

【俞】有次，我在网上看到一篇专门写我的文章，叫《朴素的人朴实的课》，我觉得写得挺好的，我能接受。

上课呢，我喜欢讲故事。故事就是一个模型。小朋友都很喜欢我上课，觉得我上课时间很短。有一次我跟老师们讲："你为什么不肯上好课呢？那是因为你没有体会到上好课的乐趣。你没见过阳光，所以你习惯了黑暗。你体会到给小朋友上好课的乐趣之后，你会很开心的。"

访谈手记

"一身悠闲的衣着打扮，一双凉拖鞋，憨厚的笑容，这就是俞正强老师给我的印象——朴素。他的讲课就像他的人一样朴实无华。"①

一位听过俞老师的"举一反三"这堂课的老师说："俞老师的课是高潮迭起，是知识的一次大会餐。而俞老师本身渊博的知识、敏捷的思维、风趣幽默的教学风格都给老师们留下了深刻的印象。"②

还有位老师说，读俞老师的文章感到大气严谨，听他的课、讲座，"无不为他课堂中流露出来的幽默所感染"。俞老师的课初听起来，有点"怪"、有点"土"，听完了，再来品味俞老师的语言，透过幽默，让人在"怪"和"土"的后面看到了一种教学观念的转变。③

还有一位语文老师听了俞老师的课后说："我已经记不起来他长什么模样了，甚至于穿什么衣服都忘记了，只有他的声音还在我的耳边回绕着。真是太幽默了，在整个讲座的过程中，下面的老师除了发出一阵阵会心的笑声

① 朴素的人朴实的课——听俞正强老师的讲课有感 [EB/OL]. (2006-07-26) [2007-10-12]. http：//www. hzedu. net/Template/ShowNew. aspx？id=33230.

② 赵银环. 小课堂 大学问——听俞老师《举一反三》教学有感 [EB/OL]. (2005-12-16) [2007-10-12]. http：//hsps. zjpdt. cn/upload/zjhsxx/jthd/20051216120414. doc.

③ 汤鸣. 杂谈课堂语言 [EB/OL]. (2006-03-17) [2007-10-12]. http：//syxx. zjhyedu. cn/js/weblogl/list. asp？id=4957.

和掌声以外，再也不能做其他的事儿了。"①

"俞老师似乎有一只无形的手紧紧拽着学生的思路，每当学生以为问题已经解决时，他总能从不同的角度提出问题，使他们再次深入思考，从而促进他们思维的发展。他就是通过这种游刃有余的教学机智、独特的教学方式，以及适时的点拨和引导，使学生的学习兴趣发挥得淋漓尽致，使本节课的教学难点得以突破，教学重点得到实实在在的解决，并出现了许多意料之外的惊喜！"②

"听了俞正强老师的课，触动我的不仅仅是他富有创意的教学设计，还在于他对课堂的调控艺术。他的课朴实无华，但却能让人深切感受到他'以人为本'的教学理念，例如今天的公开课上有一个细节就让我印象深刻。课堂上，在引导学生观察发现时，他问学生：'你发现了什么？'过一会儿便有几个学生举手，他没有马上请举手的学生回答，而是鼓励没举手的学生：'你们再仔细观察一下，能有什么发现吗？''再想想看！'并且投去期待的眼神。在他的鼓励下，一只，两只，三只……举起的小手越来越多，直到将近一半的学生举起了手，他才请学生回答、交流。"③

"俞老师的课真的很有个性！"④

以上都是听过俞老师的课的人在网上发表的评论。

◎ "我就是想把课上得让学生忘记吵"

【访】俞老师，和别人比起来，您觉得您的教学有什么特色？

【俞】我还真没认真思考过这个问题。你说现在要我回过头去讲自己的课的特色，真是讲不好。因为我自己就是想要把课上得让学生忘记吵。我也写过

① 陈嗣彬. 俞正强记 [EB/OL]. (2004-11-10) [2007-10-12]. http：//www. cstmyx. com/Article/ShowArticle. asp？ArticleID=176.

② 寿金利. 原来数学课也可以上得这么美——听俞正强老师执教的两堂课有感 [ED/OL]. (2006-12-06) [2007-10-12]. http：//www. jkedu. net/Article/shuxue/sxal/22228. html.

③ 给学生均等的机会 [ED/OL]. (2005-10-08) [2007-10-12]. http：//blog. tianya. cn/blogger/view_ blog. asp？BlogName=lukajia1.

④ 网友微雨轻寒的评论. (2007-05-27) [2007-10-12]. http：//www. meblog. cn/user3/9505/archives/2007/29333. shtml.

一篇文章《学生喜欢我去上课吗?》。如果学生不喜欢我上课，你说我是不是很无耻？如果我把课上得人人讨厌，那还有什么意义呢？总之都是学生给我的思考，慢慢拢在这里，就写成了一篇文章。《浙江教育报》给我发表了这篇文章。你天天这么想的话，那种感觉就出来了。比方说，"大饼"故事中的那个学生①，她让我对数学学习的理解更加深刻了，课自然就能讲得比较好。

　　比方说，上次我在一个地方上了一堂课，"厘米的认识"。我问："小朋友，你尺子上的一个厘米和你同桌尺子上的一个厘米一样长吗？"我就问了这么一个问题。然后，学生就说："不一样长的。"我说："你们对对好不好？"然后，学生呢，对不准，又说不一样长。呵呵，对不准呢，真是麻烦。然后我就把那尺子拿来对准了，"一样长吗？""哦，一样长的。"我又拿了一个米尺，问学生："你的一厘米和老师的尺子上的一厘米是不是一样长啊？"学生又说："不一样长。你这么长我这么短当然不一样长啊，放大了嘛。"因为米还没学，我说："比比看。"一比，哦，一样长的。然后，我又问："宁波的一厘米和北京的一厘米是不是一样长呢？"他们又说："不一样长啊。"哦，小朋友很有趣的。那些听课的老师就问我："你怎么想到问这个问题呢？我们都想不到这个问题。一厘米当然是一样长的了，为什么小朋友会认为不一样长呢？"我说："这很简单啊，你现在把那个尺子投放到屏幕上面，一厘米一样长吗？"我们必须给小朋友一个数学思想。为什么要规定一厘米，就是为了说明一厘米一样长才这样规定下来的，这是单位度量衡统一的最根本的思想。

　　【访】您教的都是数学最本质的东西啊。

　　【俞】老师把本质的东西晃过去是不可以的。

◎ "人家都说我另类"

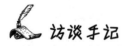 **访谈手记**

　　在宁波一家酒店的电梯大厅，我见吴卫东老师的第一面，她就对我说："俞正强很另类。"于是，"另类"这个词一下子就印刻在我脑子里了。

---

　　① 参见本书第一章中的"第四个小故事：吃大饼的故事"。

资料库 4-1

林良富老师谈俞正强老师

俞正强的课，你看连数学教科书的目录他都能上出一节课来，这些内容，我们从来不会去关注的。有一次，他到一个学校后就说："你们把所有的抽屉准备好，我上课的前一个晚上给我看看，然后我来上抽屉的研究。"

从他选题来看，抽屉的研究、一个和一半、目录的认识，等等，他的教学风格是务追险绝。就是，不是大路的，是冷僻的。但冷僻里面透出他的一种智慧。你要上这样的课首先要有勇气，第二要有智慧。一般人看到目录就傻乎乎一个，你怎么上呢?！这种课上生动了就很精彩，上不生动可就砸锅啦。俞正强是险绝异类，也可以说是"独孤求败"，属于扬州八怪那一类的。在现在这个名师荟萃的背景下，如果没有自己的一点个性，也是不行的。俞正强的个人风格就展现得非常充分。

林良富老师，也是浙江省的数学名师和名校长。他和俞老师是"5522 工程"培训班的同学。在上这个班的时候，他就已经是很有影响的名师了。他也很欣赏俞老师，我们请他谈谈他对俞老师的教学风格的认识（见资料库4-1）。

【访】人家说您的课是"无限风光在险峰"，"剑走偏锋"，或是一种"概念课"，您自己怎么看？

【俞】我为什么出去上这种课呢？因为常规课，其他老师上得比我好，比如（林）良富。可是这些课我上得就比他们好。人各有所长嘛。所以，我出去基本上上这样一些课。比方说"厘米的认识"，我能上出不同的风格来。今年下半年我准备上一堂"字母的认识"，用字母表示数。这节课良富上得很好。我也尝试上点这种常规课。要不人家会以为我不会上常规课，只会上怪怪的课。其实我常规课也上得挺好的。不然，我的小朋友的成绩怎么会那么好呢？其实像我上的这种另类的课，是让小朋友一辈子都记住的课。

常规课就是要让小朋友喜欢我们上课，要他们忘记吵。要是上得很枯燥就要想办法了。

其实只有有了一定的基础和条件才能上这种课的（大家认为另类的课）。比方"举一反三"只能在六年级上，只有在六年级才能一统下去，数学欣赏课也只能在六年级上，但是像"目录"就可在五年级上。

◎ 俞老师的"5：3：2"理论

【访】看来，人们对您的教学风格的认识有一定的偏见。这让我想起您的"5：3：2"理论。其实人们看到的只是"2"那一部分的课。那么，和其他老师比，您的常规课有什么特色？

【俞】比方"厘米的认识"这堂课，就是别人上完我接着去上的。这节课上完之后就有老师评论太啰唆。那么这个啰唆源于什么呢？这个环节上完了，下一个环节该怎么上我还没想好。然后我就一边想一边在前面要逗留一下，这样课上起来就没有很干净，因为没试教过，也没好好备课。但是这节课上下来之后呢，效果很好。

　　在我前面那个老师的那节课是这样上的：一只小老鼠请小熊伯伯做一根拐杖，告诉他这样（一掌一掌地量）五节。然后问五天后他去取的时候，这根拐杖有用吗？那么小朋友说："没用的。因为老鼠这么长的五节，和小熊这么长的不一样。"

　　这节课我是怎么上的呢？我是这样开头的：先让小朋友说，谁比谁长？我叫了两个小朋友上来，然后说"（　）比（　）长"。一年级的小朋友都会说谁比谁长。后来我叫了两个小朋友上来，一个高一点，一个矮一点。我要求小朋友看看他们俩，然后说：（　）比（　）长（　）。小朋友讲了，张三比李四长一个头，张三比李四长 15 厘米……他们一共给我讲了四个说法。我就接着问："这四个说法里面，你喜欢哪个说法？你认为哪个说法比较好？"当时学生选了两个说法，就是：张三比李四长一个头；张三比李四长 15 厘米。我就把另外两句话擦掉了，就只剩下两个说法了。

　　和前面那个课不同的是，我一直在想学生认识厘米的基础点在哪里，其实，他的生活基础就是"多多少"。我们一般就是说长一个头，不会用厘米。这个就联结起来了。我源于比较的需要就把这个数学观念给他了。前面那节课呢，就是创设了一个有趣的情境，仅此而已。这就和前面的课有差别了吧？然后，我就问"一个头"和"15 厘米"，两者表达方式哪个比较好？一个头到底有多长？15 厘米究竟有多长？然后就开始研究厘米了。头和头是不一样的，15 厘米是固定的。所以，问题就出来了。我这节课，老师们除了缺点以外，优点也讲了不少。

　　【访】都是什么优点？

　　【俞】就是说我的厘米的认识跟小朋友的生活认识是连着的。在很多数学老师那里这是断着的。我的课就像一块砖埋在地下去了。否则那块砖是浮在地面上，它会倒掉的。

　　【访】生活经验和数学知识真正联结起来了。

　　【俞】是的，就好像盖房子，把这块砖打进去了，房子就不会被风吹走了。教学时，如果没跟经验结合，学到的那点知识就是浮在面上的，是不牢固的，很容易被"风"吹走的。如果不想被吹走，学生就要记住它，并且要死记。而我上课的时候，知识点和经验是连着的，不需要死记就能记住。

　　【访】看来，您的教学在对学生的思维训练上很有特色。对您的教学风格不能只从形式上去描述。您的教学风格是对学生的学习准备把握很好，对学生的学习起点把握得比较到位，能够把知识嵌入学生已有的知识和经验当中，真正让知识在学生头脑中扎根。

【俞】是的，要让知识扎根，不要浮在表面上。我觉得，这就是数学老师使学习数学变容易的一个技巧。比如，"厘米的认识"那节课，前面的问题"谁比谁长"，感觉和这节数学课好像没有关系，其实我的用意就是要找到学生的学习起点，找到他们在生活中积累的经验知识。找到这些东西之后，我就只提供学习材料，其他所有的东西就都来自学生了，后面的教学就基本上都是学生讲了。

所以，我上课就是这个特点，是信手拈来的。林良富曾经说，有时候我讲得让人忘记时间，有时候人家不知道我要干什么，所以，他说很危险。其实我心里是有数的，有把握的。这么多年上下来了，肯定很有把握的了，没有什么"险绝"的。

访谈手记

俞老师的"5∶3∶2"理论，是很有意思的一种理论。这个理论也可以说是一种"课型结构"理论。一线的教师都希望自己能把每一节课都上得精彩、有趣，让孩子学得兴趣盎然。而实际上又不可能，于是就有了挫折感，就对自己的能力有怀疑，渐渐失去信心。实际情况是再优秀的教师也上大量的普通课。所以，俞老师认为，追求每一节课都精彩是不现实的。10节课里，有5节课是用最普通的教法去教的，不需要花大精力去琢磨、去设计；然后有3节课对学生进行"魔鬼式"训练，使他们的数学技能达到熟练；另外2节课必须花精力去思考，精心设计，让孩子觉得有趣生动，让孩子一辈子都记得住。

"5∶3∶2"这个比例结构就是普通课、训练课和精品课的比例结构。如果按一个教师一学期上80课时来算的话，至少要有16节让学生终生难忘的课。其实这个比例要求还是很高的。

俞老师说他拿出去给大家看的课，都是他想让学生一辈子都记住的课。何止是学生呢，恐怕听过俞老师这些课的老师都一辈子很难忘记。俞老师就想告诉我们，他一点都不另类。他也能把常规课上好，在把常规课上好之余，他还能上点这些好玩的课，让自己和学生在课堂上感受到一些阳光的温暖和灿烂。

◎ "这不是我想象中的风格"

【访】如果了解了学生，知道了学生的学习准备状态，那么就没有什么风险了。

【俞】其实，每上一节课，我也是摸着石头过河。我上了这个环节之后，并不知道下一个环节该怎么走，但我知道应该朝哪个方向走。

【访】真是生成性的课堂了。

【俞】也可以这么说吧。以前有个老师说，听我的课，他会忘记去看我的板书好不好，忘记去听我的普通话好不好，就跟着我的思路走，然后走完了，觉得这个老师挺厉害。他们说，我的讲座呢，能够把复杂的问题说简单，又能够从简单的事情中寻找到深刻的寓意。这可能就是我讲课的特点。

【访】而且您还很擅长打比方。

【俞】因为"君子之教，喻也"。我把这个"喻"理解成比喻。君子的教就是打比方，让别人明白。打比方其实就是一个模型。这个模型我不明白，那就换一个模型。

我发现任何事情都有好有坏。以前我没有去参加比赛反而成就了我。如果我参加比赛了，我肯定去上一些大家喜欢的课，我肯定要迎合他们，不敢一支粉笔上到底。正因为我被遗忘了，所以我才会上我自己的课，慢慢地形成自己的风格。所以，这也是一件很有意思的事。

实际上，这种风格并不是我想象中的风格。也是因为没有参加过比赛，顺其自然，反而成就了现在这个样子。

 访谈手记

俞正强、刘永宽、林良富和金莹四位都是名师，又都是好朋友。当他们在一起的时候，三位男士喜欢戏称自己是"野生的"。因为在他们成长的过程中，外在的环境条件并不是很好，基本上都是靠自己的努力，一步一步摸索到今天。

尤其是俞老师，在成为名师之前没有参加过任何教学比赛，除了靠写文章得过一个科研奖，就再也没得过什么奖。除了普通话不"普通"，其他方面实在是很普通，很普通。他不擅长人际沟通，头顶上没有任何光环，身后也没有任何可倚靠的社会背景。作为一名普通老师，想得到一些资深教师或教研员的指导更是不可能的事情。

他唯一可以倚靠的就是爱读书、爱思考、能吃苦、有毅力这些个人品质。

◎ 等一等，小朋友不就有答案了吗？

【访】那您现在上课也还是很少用现代化多媒体手段吗？

【俞】是的。为什么呢，因为我去作讲座，不是去宣讲什么理论，也不是去教老师怎么做，我只是和老师们交流想法，用不到这些手段的。

【访】那您上公开课也不用吗？

【俞】也很少用。比如上"目录"，我就用了一个投影，把语文课的目录跟一个数学课的目录呈现出来，让学生比较"语文的目录和数学的目录有什么不同，有什么相同"。然后我把语文的目录的顺序调换了一下，再把数学的目录的顺序调了一下，再让学生进行比较。学生们就发现："耶，语文的目录可以调过来，数学的目录调过来好像不行。小数的认识和小数的计算，肯定是先认识才能计算的嘛。"我说："你看看，有差别没有？发现了什么没有？这说明了什么？"小朋友说："这说明数学知识的前后联系是非常紧密的。而语文相对于数学，它的知识点的联系好像就没有那么紧密。"这样小朋友对数学的理解就深刻起来了。我只是投影这两个目录，别的就没有了。

孩子们很喜欢这个课。这个课上完后，有个老师叫住我说："俞老师，我问你一个问题？"我说："什么问题？"他说："你在上这节课的时候，你让小朋友回答，小朋友无话可说，你就组织学生讨论。通常情况是，在学生讨论的时候，老师要把麦克风关掉，然后走到学生中间去，偷偷摸摸地告诉他们一些答案，然后学生们才有话讲。我却发现你那个时候站在讲台上发呆，你没有像其他人那样去巡视。"听这老师一说，我觉得愕然。因为我很少上公开课的嘛，我不懂得这个诀窍。我想的是学生不知道就讨论，讨论出结果就能发言了。我没想到讨论的结果有可能是"零"的情况。事实上，学生们每次讨论之后，真的就有了答案。

"那个时候你就没想过'0+0=0'吗？因为你也没加入进去，学生如果讨论不出答案，你怎么办？"这个老师就问我这个问题。我一听很惭愧。那时候我真的是在发呆，因为我也不知道小朋友们究竟会如何回答。我站在那里在想，等小朋友讨论完了我该怎么办。奇怪的是，小朋友讨论之后竟然有了很多说法，给出了很多的答案。"目录"这个课我可从来没上过，这是第一次上。针对这个老师的问题，我给自己找了一个无损面子的、比较堂皇的回答，我说："其实你错了，他们不是'0+0=0'。小朋友在表达的时候，有时候是因为'0'，真的是不知道而不回答；有时候是因为'1'，也就是知道一点点，有那么一点想法，但他不知道如何表达，所以不回答。像'目录'这个课是从来没上过的，有可能是他们不知道该怎样表达。所以，我等等，要是第一次讨论没有结果，我就再让他们讨论讨论。这个过程其实是等待他们独立思考的过程。等一等，他们不是就有答案了嘛。"

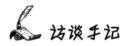

访谈手记

很多人说俞老师的课很朴实，根据是俞老师上课很少用多媒体手段。在对待现代化多媒体手段的态度上，人们现在比以前成熟、理性了。记得计算机技术刚进入课堂的时候，盲目追捧者有之，坚决排斥者也有之。双方都不是基于一种理性的态度。随着应用技术的日益成熟和教师教学经验的不断积累，人们越来越认识到现代化的教学手段既有优越性也有局限性。现在人们已经知道在适当的时候选用适当的手段了。用与不用多媒体，关键看它是否有助于教学任务的完成。

俞老师的课基本上是不需要太多多媒体手段的。他需要安静，需要学生沉浸在思维之中。这样的课很忌讳视觉和听觉的嘈杂。在热热闹闹的舞台上，一个静静地坐在那里思考的人，是很容易引起人们的注意的。

《论语·述而》中说："不愤不启，不悱不发，举一隅，不以三隅反，则不复也。"朱熹注释："愤者，心求通而未得之意；悱者，口欲言而未能之貌。启，谓开其意；发，谓达其词。"让学生达到"愤悱"状态是一种教学的艺术。当学生达到这个状态的时候，教师启发才有契机。学生不再迷惑了，思维也豁然开朗。很多时候，由于缺乏等待的耐心，教师迫不及待地告诉了学生答案或是把学生引向下一个环节，这样的教学就没有启发的契机。没有了启发，解惑的效果自然也就不理想了。

俞老师在教学过程中的等待，等的就是学生的"愤悱"状态，等的就是启发的契机。

◎ "我也不知道哪一天突然就有特色了"

【访】俞老师，您什么时候开始有了自己的教学风格？

【俞】我也不知道我的课在哪一天就有特点了。因为课呢，每天和每天比是没什么变化的。即便是十年的时间，每天和每天比也是没变化的。我记得有套名叫《书虫》的丛书，我很喜欢这套书，书上说："书虫是什么，就是不断地读，不断地读，突然有一天你化茧成蝶了。"我觉得上课也是这样的，我也不知道哪一天突然就有特色了。我自己并不知道我有什么特色。突然有一天，有人说："俞老师，你上课很有特色。"那么，我就问自己："我上课有特色吗？"我不知道我的课有什么特色，因为我不知道我从前是怎么上课的。如果说有了特色，也是这么慢慢地形成的，不是一下子就有了的。

现在呢，别人听我的课，一个是感觉我上课时间比较短；还有一个呢，就是不知道我下面要出什么招。比如"目录"这节课，听课的人都觉得很奇怪，目录怎么也能上一堂课呢？在我看来，目录是很重要的教育资源。

还有一次我出去上公开课，一般的公开课都是提前准备好的，那天呢，我也没有做什么准备，就只是到那个班里去让他们做了四道混合运算的题。第二天，我上的就是"错的研究"。这个课听起来是很朴素的，既不用准备，也不用什么课件。那次课是吴老师带我去上的。听完课，她说我上了一堂哲学课。就我个人而言，我真不知道是什么时候就有特色了。但从别人角度看来，我的课好像比较新鲜，有特色。

听过我的课的学生也会说："俞老师上课很有特色。"有些学生长大了还给我寄明信片，这让我很感动。有个学生在明信片上说："我很庆幸曾经做过您的学生。"哎呀，看见学生这么说，我真的很高兴。为此，我高兴了很久。

资料库 4-2

什么是教学风格?[①]

国外学者的观点:

1. 雷朱里 (Joseph S. Renzulli) 和史密斯 (Linda H. Smith) 认为:教学风格即教师所偏好的教学方法,它很少因教学内容、教学对象的变化而变化,表现出持续一贯的稳定性和鲜明的个性特点。

2. 菲奇 (Louis Ficher) 夫妇认为:教学风格与教师使用的教学方法虽然有联系,但有所不同。教学风格是指运用教学方法对学生进行教学时所表现出的稳定的方式。

3. 邓恩 (Dunn) 夫妇认为:教师的教学风格可以分解为八个主要方面:教学设计、教学方法、学生分组、课堂环境布置、教学组织、评价技术、教学管理和教育思想。这八个不同个别化程度的教育要素在教师身上的不同组合,构成了教师独特的教学风格。

4. 康蒂 (Cary Conti) 认为:教育思想、教育价值观要转变为课堂行为必须通过教师独特的教学风格这一中介,因此教学风格被看做是教师在某些特定的教育价值系统影响下所做出的一系列行为。

5. 道尔西 (Dowersey) 认为:课堂教学风格是一种共同的、具有独特性的基本特征。它的形成特别明显地受到某一教师所处的时代、所属的民族以及他们的思想类型和年龄组别的影响。

6. 德·朗特里 (De Launtlay) 认为:教学风格通常指教师与学生之间建立不同的关系和建立各种社会风气的方式方法。

7. 穆斯卡·莫斯顿认为:教师为了选择最合理的教学行为与学习行为的相互作用,必须识别存在的各种决策范型,了解每种范型中的特殊决策以及各范型之间的关系。而这种决策范型即可称为教学风格。

---

① 李如密. 教学风格论 [M]. 北京:人民教育出版社,2002:24-26.

国内学者的观点：

1. 邵瑞珍认为：教学风格是在达到相同的教学目的的前提下，教师根据各自的特长经常采用的教学方式方法的特点。

2. 张翔认为：教学风格是合规律性和合个性的教学艺术活动的凝聚物或结晶品，是教师教学个性的核心。

3. 程少堂认为：教学风格是教师有意无意地，在适合自己个性特征、思维方式和审美趣味的教学理论指导下，经过艰苦地反复实践，而最终形成的一种独具个性魅力又具有稳定性的教学风貌。

4. 李林生等认为：教学风格是指对本学科具有坚实的基础、广博的知识并在丰富的创造性的教学实践中，所体现出的与众不同的处理教材、组织教学、出色地进行课堂教学的艺术技巧，它是教师的学识水平与教学艺术的完美的统一标志。

5. 王北生认为：所谓的教学艺术风格，就是教师在一定的理论指导下和长期的教学实践中逐步形成的独具个性的教学思想、教学技能技巧、教学风度的稳定性表现。

6. 魏正书认为：教学风格是教学规律和教学个性在教学实践中的高度统一。一般说来，构成教学风格的主要因素有以下几点：独特的教学思路、独特的教学方法体系、教学情境富有启迪性和感染力、鲜明的教学特色。

7. 卢真金认为：所谓的教学风格就是教学艺术家所特有的，在教学活动整体中重复地表现一种"韵味""格调""风貌"的表现方式。它是艺术家精神风貌的个性和教学技能技巧的特色相结合的产物，是教师创造性、艺术性和教学活动的结晶。

8. 李如密认为：所谓的教学风格，是指教师在长期教学实践中逐步形成的、富有成效的一贯的教学观点、教学技巧和教学作风的独特结合和表现，是教学艺术个性化的稳定状态之标志。

还有一次在杭州给名师班上课，当时有个女教师站起来说："俞老师，我听过您三节课。您的课呢，一开始听的时候，也觉得没什么。既没觉得不好，也没觉得特别好，但是回去后老是想着您的课，想啊想啊，就觉得特别好。"我听了之后特别感动。我说："你今天对我的表扬是本年度让我最高兴的一个表扬。"为什么呢？因为能把一节课上得让人家回去琢磨，慢慢去想并且还想出了味道来，我觉得这是给我的一个很高的评价。你说我想形成什么特色吗？

其实我从来没有想过要形成什么特色。我追求的是，我们应该把数学的东西给学生。数学不仅仅是计算，不仅仅是问题解决。我们应该把数学的感觉给学生，把数学的观念给学生，把数学对人的影响给学生。这样呢，我就会上出一堂比较有意义的课。

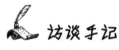 **访谈手记**

一个人如果刻意地去追求，或许也能形成某种教学风格。但是俞老师从来都没有刻意地去追求什么教学风格，直到今天他成为一个名师，他对自己的风格的认识也处于一种"口欲言而未能之貌"的状态。他的教学风格是伴随着他的个人年龄的成长和心智的成熟慢慢形成的。岁月的流逝，虽然带走了很多记忆，但对一些本质的东西，俞老师心里还是很清楚的，比如教学要把数学的东西给学生。

◎ "就做我自己"

【访】您那么崇拜苏霍姆林斯基，有没有立志要做苏霍姆林斯基那样的老师？

【俞】有个老师曾说，要做魏书生那样的老师。我听了就觉得好笑，为什么要做魏书生，你就做你自己好了。（笑）我觉得人嘛，就做自己好了。好也是自己不好也是自己，不去做别人。我们也做不了别人。人跟人各方面的条件不一样，我们是做不了别人的。所以，我经常给老师们讲，你们去听课，千万不要照搬照抄。

　　有一次，有个老师让我去听他的课。他上完课之后，让我给他评课。听课的时候，我就觉得这课上得别扭。于是，我就说，这课哪里不好。讲着讲着，他的脸色就发生变化了，眼睛也睁大了。我就问他："你想干什么？"因为他不正常了嘛。他说："俞老师，我这课上得真有这么差吗？"因为他想拿去上公开课的，如果真的这么差就不能拿出去上了。总之，是混杂着各种情绪的了。我也很坦诚，就说："是啊，是这么差啊。"他说："你知道这节课是谁上的吗？"我说："是你上的，还是别人上的？"他说："是吴正宪老师上的。"他把它搬过来了。吴正宪老师是北京一位很有名的小学数学特级教师。她在宁波上了这节课，这位老师去听了，这次就照着学了，准备拿去开公开课。就是这么一种情况。

　　我说："难怪了。吴老师是什么老师，你是什么老师？老师和老师不一样，第一，她的材料对孩子的驾控和你是不同的；第二，她是女的你是男的，女性的课有一种女性特征，那你怎么模仿得来呢？第三，你的学生和她的学生不一样；第四，你的环境和她的环境也不一样啊。所以，不一样的人不一样的环境，你怎么能学得来呢？"他说："那你说我怎么办？"我说："你就做你自己，不要照搬。把你做得好的，和学生好好磨一磨，拿出你最好的一面来。"这次听课评课，不但对这个老师很有启发，对我也很有帮助。

访谈手记

　　在戴尔·卡耐基[①]看来，盲目模仿他人是人性的一个弱点，所以，在《挑战人性的弱点》一书中，他忠告人们要"保持自我本色，不要盲目模仿"。

　　俞老师说"就做我自己"强调的也是要秉持本色，发现自我，完善自我。这种观念很容易让人误解，似乎做自己就不用向他人学习了。事实上，俞老师是很善于向别人学习的。他只是不赞同照搬照抄，不喜欢照着葫芦画瓢罢了。

　　尤其要做好常规课的教学，更应该首先向前辈们学习。在我国中小学都

---

　　① 戴尔·卡耐基（Dale Karnegie，1888—1955），美国著名的心理学家和人际关系学家、美国现代成人教育之父、人性教父、人际关系鼻祖，20世纪最伟大的成功学大师。他的著作风靡全球，几乎所有的语系都有他的著作译本。卡耐基在实践的基础上撰写而成的著作，是20世纪最畅销的成功励志经典。他的作品被称为"人类出版史上第二大畅销书"。卡耐基的主要代表作有：《沟通的艺术》《人性的弱点》《人性的优点》《美好的人生》《快乐的人生》《伟大的人物》和《人性的光辉》等。

有"师傅带徒弟"的传统，这是我国中小学教学的优良传统。然而，不是所有的人都有机会跟着名师学习的。能拜名师为师，跟着名师学习的人其实是很幸运的。俗话说"名师出高徒"。跟着名师学习的人都是从模仿自己的师傅开始的，哪怕就是照搬照抄，依着葫芦画瓢，都是一个很严格的训练过程。这个过程结束了，从教的起点自然就提升了。

像俞老师这种没有师傅指导的人，如果不凭借自己的聪慧和勤奋，是很难脱颖而出的。

◎ 把课上出美的味道来

【访】 您认为数学课堂教学艺术的最高境界是什么？

【俞】 就是要把课上出美的味道来。

【访】 能具体谈谈吗？

【俞】 简单说就十二个字：朴素的，安静的，悠闲的，灵性的。

俗话说："静能生慧，宁静以致远。"数学是思维的体操，思考需要集中注意力，一个安静的数学课堂能够把学习干扰减到最少。

现在，数学课比较提倡"做中学"，强调经历体验、合作。这样，我们的数学老师会在课堂中安排一些讨论、操作、活动等环节，在这些环节中必然会产生许多的声音，课堂怎么能安静呢？

这里有个问题：就是如何理解安静。安静并不是没有声音，安静是一种心态或者说神态。我们到运动场上去，我们会在长跑运动员身上发现他们跑得很安静，因为他们的跑步节奏很有韵律，好像不会疲劳；我们到音乐厅去，我们会发现音乐很安静，静到让人听了就不想起来；我们看舞蹈的时候，我们会发现舞跳得很安静……其实，安静是不排斥声音与操作的。

【访】 那么，如何才能创设一个安静的数学课堂呢？

【俞】 首先，以安静的教师魅力给学生一颗安静的心。

什么是安静的力量？我们经常发现，有的老师往讲台上一站，下面就一片安静了；眼睛一扫，教室里静得连掉一根针都听得见，这就是安静的教师的魅力。

安静有种种不同的安静：沉于思考是一种安静，乐于等待是一种安静，惊于恐怖也是一种安静……不一而足。对数学学习而言，我们需要的当然是一种轻松的、安全的、处于等待与思考的安静。教师的安静力量源于教师本人给学生带来的安全保障（学生不会因为教师而处于心理紧张之中）、情感期待（学生乐意等候教师的教学任务），教师的安静力量通过教师的形象、语言传达给学生。因此，有的老师虽然笑眯眯的，学生见了却不一定能静下来。有的老师可以用短短的几句话，让处于激愤中的学生的情绪平静下来。因此，数学教师在走进数学课堂之前，给自己一个平静的心情、安静的形象，会有助于给学生一颗安静的心。

其次，用有思考价值的问题统率数学活动。

数学活动越来越得到数学教师们的重视，因为活动符合小学生的认知特点。教师在数学课堂中组织的数学活动形式也是丰富多彩的，比如剪一个对称图形这样的操作性活动，比如圆周长与直径是几倍关系这样的合作探究活动，比如更多的小组讨论。这些数学活动在给课堂学习带来活力，提高学习质量的同时，也带来了另一个问题：使课堂容易变得嘈杂、不安静。因此，在课堂上，有许多老师面对新理念下的数学课堂，感到活是活了很多，可也乱了不少。乱，换言之就是不够安静。安静始终是数学学习所需要的。从这个角度来说，课堂中的数学活动对于数学学习质量而言，也是一把双刃剑，用之好，则好；反之则糟。好与不好之间的关键，在于数学教师是否用具有思考价值的问题去统率数学活动，理由有二：

第一，这是数学课堂中数学活动的目的所决定的。为什么要在数学课堂中设计数学活动？因为我们要让学生通过数学活动的经历与体验，达到对某个问题的认识或理解。因此，没有问题的数学活动就不是数学活动了，基本上可以认为是课间活动，调整学生的疲劳状态。

第二，具有思考价值的问题有利于教师进行数学活动的组织。如果数学活动没有具有思考价值的问题，活动对于学生缺乏吸引力，学生成了为完成活动而活动，活动失去了神，徒有活动形式，学生就会急躁起来。

访谈手记

《乐记》上说："人生而静，天之性也。"这是从人的本性上说，人天生是静的，动则是欲、是求。

苏霍姆林斯基在《给教师的建议》里提醒人们："如果少年的脑的'情绪区域'长时间地处于兴奋状态，兴趣就会消失，疲劳和漠不关心的态度就会来临。""讲课当中过分地追求激动人心的、鲜明的、形象的东西，会使得少年过度兴奋（喧哗、手舞足蹈），这时教师就不得不提高声音，压倒学生的喧闹声，而这么一来，则使学生更加兴奋。"①

保持安静也是一种修养。在公共场合大声喧哗是很没有教养的表现。

总之，热热闹闹的课堂既不符合人的天性，又损害学生的情绪健康，还达不到良好的教学效果，使孩子缺乏教养。这样的课堂教学是不值得去追求的。

美的课堂首先应该是安静的，这是教学的基本常识。当然，让课堂安静下来依赖于教师高深的教学素养。

【访】那什么是朴素的数学课堂呢？

【俞】有位老师上"小数的认识"这一课时，创设了一个超市的情境：音乐配上琳琅满目的商品，甚为生动，最后画面定格在一块价格标签上，引出课题："你认识这个标签上的标价吗？"

小小的一个情境，我们可以想象教师拿着摄像机去拍摄，拍好后制作成课件，充分展现了教师所付出的精力。如果我们换个角度来看，这个课件所创设的情境对学生的学习起到了什么作用呢？如果教师就拿着一个铅笔盒以及铅笔盒的价格标签，问学生："认识这个标签上的标价吗？"这样的结果是否一样呢？换言之，如果能够用一个苍蝇拍打一只蚊子，我们有必要用一颗导弹吗？

现在的数学课堂有两种趋势：一种是趋于豪华。在一节数学课中，什么都追求最好的，小小的一个情境，声、光、电都用上，短短的40分钟，什么组织方式都来一遍，最后，数学的精髓淹没于形式的繁华之中。另一种是趋向于简陋，简陋到最基本的演示讲解都省略了，从头到尾就"复制"例题，学生学得很辛苦。这两种趋向有时候往往表现于同一位老师身上，豪华的是对外的公开课、展示课，什么压箱底的活儿都拿出来；简陋的是平常的课。

---

① 苏霍姆林斯基. 给教师的建议［M］. 杜殿坤，编译. 北京：教育科学出版社，1984：229-230.

所以，有的学生会在私下里称自己的老师是两面人：有人听课的时候，是一种老师形象；没人听课的时候，又是另一种老师形象。

因此，我们提倡数学课堂中的朴素美，始终如一的朴素美。朴素到课堂中只剩下数学学习，数学学习需要怎样就怎样，不因课的功利而改；不需要讨论的时候，绝不会因为一节课中还没有讨论而特意安排一次讨论；不需要电脑演示的时候，绝不会因为意在使用现代教育设施而增加演示环节。

数学课堂的朴素缘于教师人格的朴素。

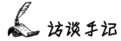

访谈手记

艺术的最高境界就是自然朴素，不饰雕琢。

一般地说，上公开课就像演员登台演出，不浓妆艳抹地盛装出场，似乎效果总不太好。所以，那些堆砌了各种繁华形式的课，让人看着就像化着浓妆的女子，这是很正常的。

在舞台上，只有那些天生丽质的人才敢素面朝天地面对观众。所以，课堂要朴素得很有内涵也是一种功夫。

【访】悠闲的数学课堂又是什么意思呢？

【俞】悠闲是一种节奏，一种比较放松的、充满信心的，又与拖沓无缘的节奏。

通常我们在研究课堂学习的时候，会要求动静结合、张弛有度、环节的处理上详略得当等，所有这些，其实都在表达对课堂学习节奏的要求。学生会说这节课感觉真长、这节课怎么这么快就下课了、这节课好累，等等，也是在描述课堂学习的节奏。可见，课堂节奏对于师生都是十分的重要，它关系到一节课对于人的舒适水平。

【访】如何把握好课堂节奏，使得师生之间的学习达到悠闲这样一种状态呢？

【俞】首先，教师在课堂学习前要做好充分准备，准备主要包括两个方面：

一个是作为备课层面的准备，主要解决学生学习数学材料的过程设计问题。过程设计符合学生的认知能力与习惯，学习过程就会轻松、自然，显出一份悠闲。反之，学习过程如同听质量低廉的收音机，吱吱喳喳，不舒服。比如，以"生活中的负数"的新授部分为例，我们来比较一下这样两个教学设计的特点：

【教学设计一】

教师先让学生玩"剪刀、石头、布"，让学生体会"输、赢是一对相反的概念"，然后要求学生以自己认为的最好方式表示教师提供的信息。

教师出示材料：

足　　球		学　　校		收　　入	
上半场		去年		五月份	
下半场		今年		六月份	

上半场进球 2 个，下半场失球 2 个。

去年调进 2 人，今年调出 1 人。

五月份赚 5000 元，六月份亏 1000 元。

教师进行讲评，比较各种不同表示方法，看能否发现用正号"+"和负号"−"来表示。最后再研究温度的表示方法。

【教学设计二】

教师先要求学生写出一个比 2 更大的数，根据经验学生能写出无数个比 2 大的数。然后再要求学生写出一个比 2 更小的数，根据学生的生活经验，能够写出比 0 小的数为"−1"等。第三个环节讨论：你从哪里看到过这些数（比如"−1"等）的运用？它们表示什么意思？最后也是研究温度的表示方式。

实际教学时，这两个设计都是可行的。第一个设计呢，以一个小游戏激起学生关于输赢的认识，通过学生对同一材料的不同记录来寻找学生的认知起点，从而引出生活中的负数进行研究，其设计不乏匠心。

第二个设计则从写数开始。写一个比 2 大的数，人人都会。可是能写出最大的数来吗？写不出的嘛。接着写比 2 小的数，通常小朋友能写出 1 和 0。那么还有比 0 更小的数吗？这就开始向学生的个人知识延伸了，有的学生说还有"−1""−2"等。

比较起来，我就觉得第二个教学设计显得更简洁，教学起来效率更高，也更从容。这就是一种悠闲的教学。

资料库 4-3

教学风格类型谱系①

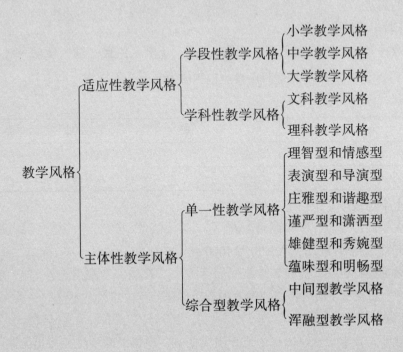

第Ⅰ级分类　　　第Ⅱ级分类　　　第Ⅲ级分类

①　李如密. 教学风格论［M］. 北京：人民教育出版社，2002：71.

第二是作为上课层面的准备。有了比较好的教学设计，如果上课的准备工作不充分，课堂学习也不可能悠闲的。我们经常会发现有的老师在上课前认认真真地准备学具，写好小黑板；有的老师上课铃响了，匆匆忙忙地跑进课堂。那种神闲气定与气喘吁吁的对比，对学生的学习影响是巨大的。

有了充分的准备，课堂的悠闲就有了基础，但课堂学习始终是动态的，它有可预设的一面，也有不可预设的一面。因此，在课堂学习过程中，教师对课堂生成的把握也是十分重要的，悠闲是一种信心，同时也是一种包容，把学生在学习中发生的任何异常都视为正常，并加以引导，显示出教师的教育力量，悠闲才会真的出现在我们的课堂中。

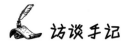 访谈手记

身心放松，动静结合，张弛有度，信心满怀，这样的悠闲可不是初涉教坛的人能做得出来的。

【访】灵性的数学课堂又是指什么呢？

【俞】灵性，是智慧之光的闪现。在数学课堂学习中，最令人激动、最令学生难以忘怀的就是学习中的灵性了。这灵性，并非属于某些人独有，它是属于每个参与学习中的主体的。课堂上没有灵性就不好玩了。看到学生在课堂上绽放出了灵性，那一刻，我就觉得自己真是太幸福了。难道还有比看到学生绽放灵性更幸福的事情吗？

有一次，我教二年级"两位数加法"。在做练习过程中，我请了两位小朋友板演，其他小朋友在作业本上做。做完后讲评，黑板上两位小朋友都做对了，我正准备下一环节，有一位小朋友提出了异议："黑板上的题目是错的。因为他做的时候我正看着，发现他的和是先写十位，再写个位，因此是错的。"另一个小朋友嘀咕："老师又不知道我们先写什么，只要对就行了。"有个学生接着问："我们口算的时候就是先算十位的，为什么笔算要先写个位，不是先算十位呢？"学生还说："我们写数的时候是先写十位，再写个位，比如 16 先写 1，再写 6，和是一个数，当然先写十位，再写个位。"学生就这样七嘴八舌的，引发了一系列很有意思的话题。小朋友的思考多有灵性啊，上这样的课是很幸福的。

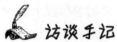 **访谈手记**

什么样的教师才能让学生的灵性在课堂上绽放？或许只有像俞老师这样有灵性的教师才能做得到。

美的课堂是多种多样的，有安静朴素悠闲的，也有热烈奔放充满激情的。俞老师给我们描绘的安静的、朴素的、悠闲的和灵性的课堂就像一幅中国画，透着一点古典的淡雅气质。

不管创造什么样的课堂美，都需要教师具备深邃的教育思想、高超的教学技艺和成熟的教学风度。

不论是什么样的美，最重要的还是让小朋友和教师自己都能享受到知识学习的快乐与幸福。

2002—2007 悟道有乐心自足

俞老师说，前一个 16 年他努力做了一个好老师，他准备再用 16 年时间做一个好校长。长期的教育实践坚定了他 "改变自己，影响学生" 的信念。

俗话说："三十而立，四十不惑。" 人说，不惑之人最近佛性。信佛的人又讲究 "悲智双修"，意思是指从智慧上求得绝对的自由，从悲悯上求得绝对的爱。

已近 40 岁的俞老师的骨子里就渗透着这么一种佛性。站在事业的顶峰，他是那么的淡定从容。物质生活再也不能束缚和奴役他精神上的执著追求。他对所有的人感恩，既包括帮助过他的人，也包括伤害过他的人。总之，无论做什么他都能自得其乐，无论对什么人他都心存仁爱。

这可不是一步就登上来的

第五章
努力做一名好校长

苏霍姆林斯基说："要把学校领导好，意味着要精通教育学，并使这门科学成为科学地领导教育和教养以及组织全校师生活动的基础；意味着要成为教学教育过程的能手，要掌握影响儿童和青少年的艺术。""学校领导人只有不断完善自己既作为教师又作为教育者的技艺，才能充当教师和学生的优秀而有威信的指导者。一个好校长，首先应当是一个好组织者、好教育者和好教师，不仅对上自己的课的孩子来说，而且对全校学生和教师来说都应如此。"① 显然，对校长的素质要求比对教师的高，因此，做一名好校长就比做一名好教师更难。

---

① 苏霍姆林斯基. 帕夫雷什中学 ［M］. 赵玮，等，译. 北京：教育科学出版社，1983：1.

俞老师由教师角色向校长角色的转型始于 2000 年，开始是浙江金华师范附属小学的副校长。做副校长期间，他和当时的校长搞了一个至今谈起来都还很得意的改革——

◎ 三好学生由"评比"变"申报"

【访】在做金师附小副校长期间，您有什么成绩啊？

【俞】要说有什么成绩，就是当时我和我们校长合作搞了一个评"三好"的改革。这个改革的影响挺好的。《浙江教育报》对此有整版报道。那时，学校评三好学生都是有名额限制的，总是 5% 或 10% 的比例。这样呢，就始终都是那几个学生当"三好"，别人怎么努力都是没机会的，除非那几个学生中有人转学转走了。这种做法就给小朋友一种认识，就是"我努力了也是没用的"。这是很糟糕的。后来，我们就把评"三好"改成申报制。我们从小培养小朋友这样一种想法，就是"只要努力了，目标就能实现"。

现在，我在站前小学就沿袭了这种改革，把三好学生评比制改成申报制。一开学我们就定个"三好"的要求，比如德、体、智，都有一个目标要求。期末结束的时候，学生自己对照着标准，检视自己的表现符合哪个标准就申报哪个，没有任何比例限制。只要你做到了，同学们认可，老师认可，就行了。这个制度就是要给小朋友树立这样一种信念：只要我努力了就一定做得到，就能取得这个荣誉。

【访】要是往上报呢？

【俞】比如区级三好学生往上报的时候，我们再比较。但至少在校内改变了一些东西。我们校长想让更多的小朋友把奖状带回家去。我就想办法落实。最后，就想了这个办法。做了之后，影响也很大的。我自己也觉得这个办法很人文。

访谈手记

形式的变革反映了评价观念的变革。评"三好"的时候，操控评比权的人就显得很重要。申报"三好"呢，主动权在孩子，因为目标是公开的，先摆在那里的，最后达到什么样的目标取决于孩子付出的努力。评"三好"的时候，同学之间是竞争关系；申报"三好"呢，同学之间没有了竞争，有了一个共同奋斗的目标，学生上进的动力源自自己。这是一个从官僚化管理向民主化管理的根本性转变。

由评比变申报，还改变了对学生的奖赏和激励机制。评比制度下，只有个别被评上的学生才能得到奖赏和激励，其他符合要求但没有被评上的学生就会很受打击。由于在条件相同的情况下，必须竞争有限的几个名额，所以又会产生一些不公平的竞争现象，比如学生家长为孩子争"三好"贿赂老师等。而申报制度呢，虽然奖励的也是个别达到目标的学生，不是全部，但它不但不会打击学生上进的积极性，反而会激励所有的学生主动要求积极上进，因为制度本身保障了这条信念，即"只要我努力，就能达到目标"。评不上"三好"的人，也只能归因为自己不努力。总之，长进由学生自己来定。这就从制度上为培养学生自立、自强和自信的品质打开了通道。原有的教师与学生之间、学生与学生之间不协调的关系一下子就理顺了，同时还避免了家长贿赂教师这样的不良现象发生，在学校弘扬了正气。

◎ 做薄弱学校的好校长

【访】您说，到胜利小学做校长收获很大，都是什么样的收获？

【俞】胜利小学本来是一所百年老校，也有一定的社会影响力，它怎么就沦为现在的弱势学校了呢？我思考过这个问题。它使我对弱势学校和教育均衡的感受加深，积累了一些管理经验，提高了管理能力。

我觉得，教育行政部门缺乏科学的规划管理是胜利小学衰败的一个重要原因。这个学校的校舍年代已久，需要维修。有关部门就说别修了，换个地方建新校吧。结果呢，若干年过去了，新校的影子没看着，老校也衰败得不成样子了。再加上大环境对教育的冲击，教师纷纷流失。学校就在等待中失去了发展的机会。

给弱势学校选派一个好校长很重要。可以这么说，一个好校长能带出一批好老师，一批好老师就能吸引一批好学生，好学生后面又有一批好家长。这样学校的人气上来了，自然也就支撑住了。弱势学校的校长不好做。因为学校自身条件不好，校长就必须有人格魅力，愿意为学校、学生和教师做出一些牺牲，营造一个好的氛围。

【访】我们都知道，现在的名校长基本上都出自所谓的重点学校，您说在薄弱学校怎么做一个好校长？

【俞】其实在弱势学校照样能做一名好校长。弱势学校一般基础条件差，经济实力弱，社会资源相对贫乏，它给校长提出的挑战更大。在弱势学校当一名好校长，靠的是智慧。他必须考虑如何依据实际情况，扬长避短，点燃教师心中的希望之火，激发教职工的积极性，提高学校的凝聚力，让学校充满生机和活力。

访谈手记

俞老师的管理能力在胜利小学得到了验证。因此，仅一年半的时间，他就被调到成立不久的站前小学，和站前小学的老师们一起开始了艰苦的创业。

◎ 让老师们在合理的范围内工作

【俞】我当校长之后，有个老师每天都6点半回家，应该说是一个很用功的老教师，但我始终没表扬他，从来不表扬他。第二年，他就对我说："我身体很差。每天工作都到6点半，身体也搞坏了。"我就说："学校会照顾你的，但你不能提太多的要求。你是个好老师是对的，但是我不想表扬你。一个人就应该按时回家去，在适当的时候把适当的活做好。学生离开了你，还是学生。你的家人离开了你，家就不像家了。不要把自己的工作看得过于重要，其实对你的家人和孩子来说，你最重要。"

一般地说，我管理学校的一个原则是：不要让一些好老师做得太好，也不能让一个差老师做得太差。因为好老师太好了，学校是对不起他的，他也是人啊，凭什么让人家奉献那么多呀。差一点的老师呢，要让他守住底线，不能太差了，误人子弟是要犯罪的。所以，我做校长就给老师们设了这两条线，目的是让老师们在合理的范围内做事。这是我的一个想法。这也是以前我做老师的时候的想法。做老师时的想法又影响到我做校长的想法。

　　所以，我觉得，学生让我进步，成为一名好老师。做一名好老师的经验又帮助我成为一名好校长。就这么一些事件积聚起来，促进着我的进步。

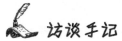 **访谈手记**

　　"不能让好老师付出太多"，"让老师们在合理的范围内做事"，这多少体现出做了校长的俞老师对下属的关心和体贴是很质朴、很温暖、很人性的。

　　在各行各业的光荣榜上，我们能经常看到这样的模范：他们忘了回家吃饭，忘了自己身体有病，忘了家里还有父母要照顾、妻儿要关怀，他们全身心地扑在工作上，工作就是他们生命中的一切。

　　我们还会想起俄国文豪托尔斯泰。法国著名传记文学作家罗曼·罗兰称他是"俄罗斯的伟大心魂"。可在他的妻子看来，这个"伟大心魂"则是极端的利己主义。在一次孩子重病不愈的时候，这位可怜的妻子给她伟大的丈夫写过一封信，来诉说与一位伟大的人道主义知识分子打交道时的愤懑。她说："我最小的孩子还未痊愈，而我自己又是那么虚弱、可怜。你和苏塔耶夫也许并不特别爱你们自己的孩子，但我们这些平凡的人，既不能够也不希望扭曲我们自己的情感，或以向整个世界表白爱心之类的东西作为对个人缺乏爱心的正当理由。"①

　　俞老师这个观念及做法的意义也许就在于：不扭曲普通人的情感，教师们就能拥有一种正常的幸福生活。

◎ 让俞老师感到得意的校训

　　"校训乃一校之魂，原本是学校校长讲话中的关键词语，因为既有底蕴又有实效，所以被一代一代的教师和学子们传递下去，时间一长，就成了约定俗成的话语，这就是校训。

　　校训，作为一个标尺，激励和劝勉在校的教师和学子们；即使是离开学

---

① 保罗·约翰逊. 知识分子 [M]. 杨正润，等，译. 南京：江苏人民出版社，2000：143.

校多年的人，也会将校训时刻铭记在心。校训也能体现学校的办学原则与目标。同时它也是一种文化，是一种面向社会的精神标志，能为学校起到一定的宣传作用。有些校训还对其本校的创建历史或文化背景有所反映，包含着较多的信息。"①

站前小学的校训是：尊重规则，分享自由；改善自我，关怀世界。

【俞】我觉得我们的校风还是挺好的。我们的校训是 16 个字：尊重规则，分享自由；改善自我，关怀世界。

我一直在想，我们到底要给小朋友什么呢？小学六年后，我们让小朋友带走一点儿什么东西呢？我想了很久，觉得就给他们这些东西吧，就是这 16 个字。

这 16 个字中的前 8 个字："尊重规则，分享自由"，"尊重"和"分享"，"规则"与"自由"都是矛盾的。懂得尊重人，学会分享，世界就会和谐。这 8 个字解决的是和谐问题。不和谐都是因为这两对矛盾没解决好才有的。只有"尊重"，不能"分享"；只有"规则"没有"自由"，这个世界还不够和谐。

"改善自我，关怀世界"也是一对矛盾。"自我"和"世界"是矛盾的。我们凭什么去关怀，就要让自己有能力；怎样让自己有能力呢，就要改变自己。人能够改善自我就能够关怀世界，这就是"有为"。所以，这 16 个字就是要我们的小朋友学会和谐世界，学会对世界有用。这就是我想给小朋友带走的一种东西。

这个理念同样适合于老师。我要求我们的老师也要做到这 16 个字。一个人能力大，他的世界就大，比如胡锦涛主席，他的世界是天下，他关怀天下。我们老师能力小，就关怀一个学校。小朋友没有什么能力关怀家庭、关怀天下，他哪怕关怀他周围，也是关怀世界。一棵小草就是一个世界嘛。

所以，小朋友要学会关怀，在关怀中体现价值。这个校训是我对学校的意义的概括。这是我自己写的，我还挺得意的。

---

① 百度百科：校训［EB/OL］.（2007-05-21）［2007-10-16］. http://baike. baidu. com/view/476424. htm.

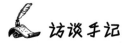 **访谈手记**

一所学校的发展体现了校长的智慧。俞老师给自己的学校拟定的校训充满了哲理，它已渐渐成为站前小学全校师生员工信奉的价值观念和行动原则。

俞老师就像一个道德领导型的校长①，他使追求进步和创新精神在学校日常生活中制度化。他把学校的发展目标、价值观和价值认同放在至高的位置上。学校有一个统一的精神追求，校长、教师、家长和学生都在这些精神力量的号召下，团结一致，共同奋斗，形成积极向上的合力，营造一个良好的育人环境。

◎ 怎样让鸡蛋变小鸡?

【俞】我现在做校长，没法改变校外的环境，我就改变校内环境。我不能改变学校的全部，我就只改变教师的课堂，让小朋友变得稍微不那么辛苦。

我经常打个比方来说明我是怎么来改变教师的课堂的。我是把课堂当做一个鸡蛋，这个鸡蛋呢要变成小鸡，我们不能钻到鸡蛋里面直接去叫它变成小鸡，我们只能改变它周围环境的温度，让鸡蛋自己变成小鸡。所以，要让教师自己来改变课堂，不要强迫他来改变。只有当教师发自内心来改变的时候，那个改变才是适合他能力的，才会有真正的改变。

【访】您这个比喻，我觉得对从事教育行政管理的人应该很有启发。教育改革不能直接插入教师的课堂，要求老师怎么怎么做。比如教育部就着力改变全国的教育环境，省教育行政部门则改变省里的环境，校长就改变学校内部环境，课堂就交给教师自己，学生内心的改变就靠学生自己来改变。

【俞】你把我这个改变环境的想法给扩大了，很好。我们有很多校长都是到课堂上去要老师怎么上怎么上。怎么不想想，你的方法不适合他的，这可不是生产线啊! 这可是教育的问题。这就像医院一样，比方说医院乱收费

---

① Fred C. Lundenburg，等. 教育管理学理论与实践［M］. 孙志军，等，译. 北京：中国轻工业出版社，2003：32-33.

问题，不要去怪医生，不要拿院长开刀，先把你的投入投进去，改变环境嘛。改革的第一阵风吹过去，第二阵风吹过去，第三阵风吹过去，也许第四阵风吹过，它就发芽了，有效果了。这个才是根本的问题。

【访】看来光指责是没有用的。现在社会对教育有敌意，从事教育的环境就不太好。人们普遍对学校不信任。就好像有病要去医院看，但又不信任医生，这病怎么能治得好呢？

【俞】是啊，病人到医院看病的时候，医生就想，你既然不相信我，他就问你："得的什么病啊？要开什么药啊？"（呵呵）整个倒过来了。

如今一些学校也是这样的，就知道讨好家长。"你们要什么？英语吗？好！就开英语吧。"家长是不懂教育的呀！医院里，医生也只能这样做。药开多了，你说我骗钱；开少了，你又不相信它能治得了病。有时我觉得现在人怎么都这么傻呢，都是不懂的人说了算哩。这世界真是乱了套了！

关心孩子，就要改变温度。改变温度是个艺术，它需要等候。现在的问题是，第一不肯等候，没有时间等，这是一个很大的问题；第二没有宽广的胸怀。有的学校评价某个校长，说他好是因为他深入课堂。我呢，从来不去听课的。如果按这个评价体系，那我就不是一个好校长了。可我宁愿你说我不好。有些学校让学生评价老师，我就不会找学生评老师。有的老师上课比较认真，有的老师上课比较随意，不管怎样，我都不能放弃对老师的信任。我从来不找学生开调查会。

【访】让学生评价老师，感觉就像是让学生来监督老师。

【俞】是啊，这是对老师极大的伤害。你不信任他也就罢了，还让小孩子给校长打小报告。总之，我觉得现在有很多新方法不符合教育规律，是不科学的，不过为了搞点噱头而已。

访谈手记

现在的教师最需要的，莫过于一份来自社会的尊重和信任，一个真正重视教育的社会环境。

"不管怎样，我都不能放弃对老师的信任。"这句话怎么听来就像一句悲壮的誓词，有一种沉甸甸的感觉。

◎ 管理学校要做好三块文章：读书、运动和休闲

【俞】我觉得一个学校要做三块文章，这句话是我从别人的书上看来的："读书，文明其精神；运动，野蛮其体魄；休闲，陶冶其性情。"这句话说得太好了。我觉得学校就要做好这三块文章。这三块文章做好了，我们就对得起小朋友了。

我们的校训是总的指导思想，现在说的这三个方面是方法和途径。我觉得校园文化就是我对数学美的认识，就是那 12 个字，即朴素的、悠闲的、安静的、灵性的。我觉得我们的小朋友，第一要安静，不要整天浮躁，静能生慧；第二要朴素，什么都要朴素点，朴素了省力气，朴为天下重嘛；第三悠闲一点，不要匆匆忙忙的。我们学校尽量把学校的工作都安排得悠闲一点，没有说突然做什么事情的，都很有计划。最后一个是要有灵性，不灵性是很无聊的，有灵性做起事来就不累。

我现在管理学校就是我从课堂教学上得来的那些东西，这都是一脉相承的。我把做老师时候的东西，慢慢扩大到学校里来了。以前课堂上的追求就是现在学校里的追求。以前我当班主任的时候，我是这样教我的学生的；现在我当校长了，我就把它扩大到学校里来。我当班主任的时候，就很注意小朋友的读书、运动和休闲。我觉得运动搞好了人都会长得快一些的。以前，有次晨会，我突然发现我班上的小朋友就比隔壁班小朋友高出一点来。为什么呢？就是因为我们班上的小朋友运动多。

【访】"运动"的文章您怎么做？不是有体育课吗？

【俞】体育课跟我没关系的。我就是带他们玩，玩就是运动了。

【访】"读书"的文章，您又怎么做呢？

【俞】"读书"的文章最好做了，大家说书就好了。我们就拿一本书来说，就是说和读，其他的我就不管了。以前，学生们经常到我办公室说书。我们每个礼拜不是有班队活动吗，我经常一节课拿出来说书。还有，和学生聊天的时候就说书。我有一篇文章，写的是如何观察学生以及和学生聊天，就是那个时候写的。那时我当班主任就做这些事情。

【访】那"休闲"这篇文章呢？

【俞】现在的人啊，我觉得很滑稽，动不动就搞课程。其实不用那么多

资料库 5-1

组 织 氛 围[①]

　　组织氛围是指组织内的整体环境质量。它可能指学校某个部门、学校建筑内或学区的环境。组织氛围可以用这样一些词来形容：开放的、繁忙的、温暖的、随和的、非正式的、冷漠的、非人性化的、敌意的、刻板的和封闭的。

---

　　① Fred C. Lunenburg，等. 教育管理学理论与实践 [M]. 孙志军，等，译. 北京：中国轻工业出版社，2003：65.

课程的。比方说，我那些小朋友，五六年级的，他们星期六星期天会找我骑车、郊游，都要我跟他们去。我跟去，他们家长也放心。我不跟去，家长是不同意的。郊游是什么？是运动又是读书又是休闲。比方说去溜冰他们也来找我。就这么简单，不需要弄个什么课程出来的。

 **访谈手记**

我曾在金华新闻网上看到站前小学的宣传语①：

安静的：绿树如茵的环境，安心乐业的教师，始终如一的理念与计划，营造安静的读书氛围，让全体师生静以生慧，宁静以致远。

朴素的：崇尚朴素之美，不奢华、不夸张，教师俭朴清廉，学生简朴勤劳。

悠闲的：教育无小事，凡事精心准备，不急不躁，成竹在胸。

灵性的：活泼健康，精力充沛，学校生活因充溢智慧而欢愉。

听了俞老师的一番解释，再来看上面这一段话，原本浮在脑海里的字眼，一下子具体起来了，一个一个都变得那么有分量。

美国学者凯利（Kelley）认为，"校长的职责之一是，创建并维护一种积极的校园氛围。在这里，老师们能安心工作，学生们能安心学习。因为个人和团体的价值观不同，每个人心中的良好氛围也不同。领导为改善氛围，需要处理好分歧、期望和现状的关系，最终的目的是为了提升学习环境。校长，最应该为一所学校的氛围负责，就像老师必须对他的课堂负责一样"②。

◎ 让老师和学校合作

【俞】在学校管理方面，我觉得还有一个事情挺有意义的，就是老师和学校的合作。一个是专业发展培训方面的合作。为什么呢，因为在我们小学，

① 金妍. 市区小学校长的"自荐"[EB/OL]. (2004-04-07) [2007-10-12]. http://www. jhnews. com. cn/gb/content/2004-04/07/content_ 267779. htm.

② 转引自：托德·威特克尔，等. 如何调动和激励教师 [M]. 田丽，等，译. 北京：中国青年出版社，2007：112.

以前老师们出去培训都是学校派出去的，派出去呢，就有一个问题，就是老师等着派他去听课，从我自己当老师的经历来看，想去的时候派不到，派到的时候又不想去。所以，我们现在换了一下，到哪里去听课，什么时候去听，这个信息由学校提供。然后，老师自己选择，选择好了，你自己报，申报我要到哪里去听教研活动，做什么培训，这个都是老师自主。费用呢就三七开，老师自己出三学校出七，外出培训的老师自己负担的费用就多些。这样的话老师出钱越多，学校贴钱就越多。这避免了两个问题，一是老师去参加自己不喜欢的活动；第二个，因为老师的流动性挺强的，我花钱培养了你，你走了，那么这个钱就白花了。现在是老师自己出钱了，学校的损失就小了些。学校又不像体育的俱乐部，没有转会制，转会的话我还可以收点费用。有时，老师走了，对学校来说，就是白培养了。那我现在培养一个人，你自己也是要出一点的，即便你跳走了，学校也不会损失太大。所以，这两个问题就能处理得很好。

　　第二个合作呢，就是在设备管理方面的合作。我们学校的器材很难保管，比方一台录音机，咔嚓咔嚓用完了，用破了他也不管。现在，我就这样处理：假设你要用录音机，我们两个一起买。你也要出钱，学校也出钱。东西归你，学校不管了。一个录音机你自己挑，你可以买一百块的，也可以买一千块的，你自己用起来舒服就行。学校出的费用就是一半，然后限高，最高不要超过五百块。比方说，录音机你要买两千块的，这太豪华了，学校只出五百块，多出一千五你自己补。这样一来，老师们把录音机都管理得很好。学校第一省了一笔开支，第二省了管理，第三省了修理。

　　我就是这样和老师们合作的。以后再发展下去，电脑什么的也都可以这样来搞。东西是你的，你调走可以搬走。我就这么多钱，然后你自己保管，你自己修理。我觉得非常好。

　　【访】真的不错。可是，要是老师们来一个走一个，学校的损失岂不是很大？

　　【俞】不用担心，总量差不多的。比方说，学校一下子买了30台机器，用个两年就全部给弄坏了，我这个钱也没有了。现在教师的流动也不是太大，一年顶多一两个。总体上看，还是省钱的。所以，我觉得这个方法很好，不是有个说法叫藏富于民嘛，这就是了。

　　【访】这也跟校长的观念有关。有的人喜欢老师来求他，这样可以让权力发挥作用。

【俞】呵呵，我这个校长现在是没有权了。什么人事权财权都没了，然后管老师的这点权也没了。本来嘛，你对我好点，我就派你出去。现在我一点权都没了。教师素质不好的话，我是一点办法都没有的。

所以，我就跟我的老师们说："我现在全靠你们了。你们素质好，就对我好点；素质差对我不好，我就全当没看见了。"我觉得我这个校长肯定是好校长。

那些老师呢，好的当然挺好的，不好的呢，我想他们慢慢会改变的。人，都是要求积极向上的。

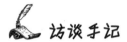

访谈手记

管理学上有种 Z 理论①认为：如果你不能创造一个满足人们的个人利益，让人们在其中自然而然地做他们想做的事情的环境，那么你就总是在与个人利益斗争，并会限制和阻碍个人利益，你就永远不能获得高度的一致性和高生产率。

正因为俞老师照顾到了教师的个人利益，所以他在学校和教师之间建立了良性的合作关系。

管理大师彼得·德鲁克②认为：有效的领导并不做太多的决策，他们关注的是那些重要决策以及那些对组织有比较大影响的决策。有效的领导在组织决策上倾向于分权和决策分享。

不知道俞老师是否读过彼得·德鲁克的书，是否有有效领导的理论指导，但有一点是明确的，他有权力，但他不占有权力，而是利用权力，服务于学校的管理。他把责任和权力都分散下去，表面上看，他失去了权力，但他提

---

① Z 理论由美国学者威廉·大内（William Ouchi）提出。他重点考察了许多高产出的公司以确定他们是否有共同之处，以及有什么共同之处。他提出了 Z 理论以解释这些公司成功的原因。他关注整个组织的文化，着重于研究将整个组织凝聚在一起并施以控制的组织文化的差异。把 Z 理论运用于学校，其特征包括信任、敏锐、亲密，共同管理和决策，有关计划、组织过程、预算制度、人际技能的培训；由个人利益驱动的动机，长远的回报，优质教育的重要性。参见：Fred C. Lunenburg，等. 教育管理学理论与实践［M］. 孙志军，等，译. 北京：中国轻工业出版社，2003：61.

② 彼得·德鲁克（Peter F. Drucker，1909—　）1909 年出生于奥地利首都维也纳的一个贵族家庭。他先后在德国和英国工作学习，1929 年后在伦敦任新闻记者和国际银行的经济学家。1931 年他获得法兰克福大学法学博士。1937 年移居美国，终身以教书、著书和咨询为业，是当代国际上最著名的管理学家，被称为"大师中的大师"。参见：彼得·德鲁克. 卓有成效的管理者［M］. 许是详，译. 北京：机械工业出版社，2006.

高了学校的管理效能，建立了和谐的人际关系。

◎ 来自工业管理的理论是不能拿来管理教师的

【俞】做了校长以后呢，我就研究激励理论。我发现我们的教育管理理论基本上全部来自工业管理理论，比如科学管理里的岗位管理、目标责任制、双因素激励理论，什么基于人性的 X 理论、Y 理论、C 理论、超 C 理论，等等，全部都来自工业管理理论。但是，你有没有想过那个管理的对象——工人，他和教师是不一样的。有什么不一样呢？我觉得工人的工作过程就像泰罗说的一样，是可以记录下来，拿来解剖的，比如你一分钟做了几个零件，质量如何，用了几个动作等。但是，这个东西拿到教师这里来的时候，教师的教学过程可是个黑箱，不可解剖的呀。他的产品也是不可度量的。基础不同，条件不同，理论能一样嘛?! 这就是现在教育管理中最大的问题。动不动就量化，量化。教育上有些东西可以量化，但有些东西是绝对不能量化的。这又牵涉到对教育的界定。当时我在北师大学习的时候也跟其他老师聊过这个问题。

我觉得我的思考应该是比较对的。教师应该怎么管理呢，就是要加强道德管理。因为教师上课是黑箱，他用五分力气是一节课，用十分力气也是一节课，谁知道他用几分力气？最后支撑教师的还是道德，它跟功啊名啊利啊没关系。

我经常给老师们讲一个故事，叫"第十九层地狱"。这个故事讲的是，一个杀人放火的人被打入第十八层地狱，因为他什么坏事都干过了嘛。然后，他想这辈子肯定完了，于是，就躺在第十八层地狱的地上，心也灰了，永世不得超生嘛。突然，他听到下面有人在哭。他很奇怪，"什么人在哭？我已经是第十八层了，难道还有第十九层吗？"然后，他就敲地板问："有人吗？什么人在哭啊？你怎么到第十九层了呢？你在人间干吗的呢？"地下的人说："我在人间是教书的。"（哈哈）所以，我跟老师们讲，误人子弟在人世间是不犯罪的，但在上帝那里是犯罪的，而且是被打入第十九层地狱的。第十九层地狱就是为我们老师设的。我把这个故事讲给老师们听的时候，对老师们震动很大。人啊，总要坚守一个底线，人要有畏感，要敬畏生命。我们工作面对的就是生命，就是要敬畏这个生命。而且这个生命连着的是希望，说好听了是民族的希望，说低点是他父母亲的希望，不能糟蹋他们啊。

总之，好的管理就是，钱跟上去，师资培训跟上去，老师的健康工程跟上去。学校怎么照顾老师，老师们就会怎么照顾学生。有时，我也很喜欢当校长。为什么呢？因为原来我当老师最多影响50个小朋友。现在我当校长可以影响到1000多个小朋友。

我这个校长做了四年，家长口碑很好。那些家长跟我像朋友样的，他们都很喜欢我。有些家长跟我讲："校长啊，你的老师都不一定照你说的这样做得了。"我说："是的，但是，慢慢来，不着急。"

访谈手记

翻开教育管理方面的书籍，确如俞老师所言来自工业管理理论的居多。真正从教育活动自身生发出来的理论并不多见。所谓的科学管理是重绩效的，即便是把组织中的人也当做人来看的人本主义管理，也是如此。

教师和工人不一样，他的工作有其特殊性。现在人们都是用企业管理理论来管理学校和教师。绩效管理，一般地说说没问题。可是教师的工作绩效怎么来考察，这就是问题了。工作量、学生的成绩、升学率等，能如实反映教师的工作绩效吗？

教育管理问题探究到根本的时候，就转换成了人性问题。任命一个崇尚道德的学校领导，加强对教师的道德管理，也许是一个真正的教育管理的方向。

◎ 连学生的喝水问题都解决不了，还是不是一个好学校？

【俞】最近我又写了一篇文章，反映的是喝水问题。你说一个学校连学生的喝水问题都解决不了，还是不是一个好学校？

【访】孩子喝水可是大问题。

【俞】就是健康问题嘛，肯定是个大问题了。我计算过，如果学校来解决喝水问题，像我们学校一千多人，一年要两万多块。因为你要一个人烧水，还要一些器材，一个人的工资一年恐怕就要有一万多了。

有一段时间，我们学校是给学生买桶装水，费用由学生分摊，一个学期一个人只收 10 块钱，不多的。结果有人举报乱收费。那就不收了呗。然后呢，政府也不出这个钱，学校呢，又出不起。好，家长当然是最爱孩子的了，哪个家长在乎 10 块钱？可就为这 10 块钱让孩子没水喝，孩子就背着水上学校。每天就背那么点水，不够了怎么办？然后，就有小朋友偷别人的水喝。你说家长是怎么回事儿？还美其名曰爱孩子，你这是爱吗？

政府不出钱，你给学校一个政策，就让学校收 10 块钱也行啊，结果呢，政府就因为有一两个人举报就不准学校收了。不准收也行，那你得解决孩子的喝水问题啊！学校呢？每个学校都说我爱学生，可是你给孩子水喝了吗？我就把这个问题写出来，政府、学校、家长这三个最爱小朋友的群体，把小朋友视为未来、视为宝贝的群体，居然都解决不了孩子的喝水问题。你们这是在干什么嘛？我当校长就要把问题解决掉，再没钱我也要把问题解决掉。

◎ 当校长也有幸福感，但付出的更多

【访】您当校长有没有幸福感？

【俞】我觉得当老师更有幸福感。因为小朋友比较单纯些，当老师就很容易有幸福感。当校长呢，比较复杂。我现在做校长还没有像教数学一样有一种明晰的信念。不过，当校长和当老师的价值不一样。老师当得好了，最多 50 个小朋友受益。我校长当得好了，有 1200 个小朋友受益。所以，这个价值是不一样的。我还是愿意当校长。我愿意有更多的家庭因为我的努力工作而得到一些改变。这是一种更大意义上的幸福感。但是从小的方面来讲，还是当老师的麻烦比较小。但当校长呢，也有幸福，甚至幸福更大。这个幸福越大，付出的也就越多。在这五年里头，我做校长还是有点体会的。我当校长有一个突出的优点，就是我把老师们照顾得蛮好的。

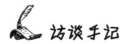 访谈手记

作为一名教师，俞老师追求安静的、朴素的、悠闲的、灵性的课堂美；

作为校长，他努力营造一个健康和谐的读书环境。他和老师们、同学们有着共同的信念，共同为教学的成功而努力工作。他信任他的老师，喜欢他的学生，教师们也信任他，喜欢他，学生们及其家长也信任自己的老师和校长。俞老师是友好的、开放的、平等的和建设性的。他尽力完善学校的各项规章制度，排除那些困扰他和老师们的不合理制度。

公元12世纪伊朗的宫廷诗人内扎米·阿鲁兹依·撒马尔罕迪在他的传世名作《四类英才》中提到世人分为三类：一类近于山野中的兽类，他们的作为不外是为自己觅食和趋利避害。另一类人生活在市井之中，他们通过手工劳作获得知识和技能。还有一类人，他们时时提出问题，思考自身从何而来，向何方而去。这第三类人又分两种：一是坚韧学习，刻苦攻读，通过读书著述而认识事物的本质，这类人是智者；二是不学而知的先知。①

且让我们先原谅这位诗人的等级观念。但从俞老师当教师和当校长的经历来看，他实在是符合智者这类人的品性。

---

① 内扎米·阿鲁兹依·撒马尔罕迪. 四类英才 [M]. 张鸿年，译. 北京：商务印书馆，2005：24.

坐下去思考，站起来交流

第六章
新课改背景下的思考

21 世纪中国教育的头等大事莫过于新一轮的基础教育课程改革了。新课改的动议大概始于 1995 年。2001 年教育部印发《基础教育课程改革纲要（试行）》，新课改开始进入实施阶段。目前整个义务教育阶段都已进入新课程。高中阶段的课改也于今年（2007 年）的秋天在全国全面铺开。

　　当新课改之风吹过来的时候，俞老师已经是一名有着丰富的教学经验的成熟教师了。对新课改，他既不排斥，也不跟风，保持了这个年龄和层次的人应该有的理性态度。

◎ 用平常心对待新课改

【访】 您对新课改有什么看法？

【俞】 2001 年新课改刚兴起时，我在我们一个地方作讲座，告诉听课的人怎样看课改，我说："我们对课改不能寄予太多的希望，因为在这个世界上，理想的课程始终是不可能出现的。新课改要改变我们多少，是不可能的。"专家的设计是没错的，他的立论是对的，就是我们当前的教育存在问题。存在问题就要去破解它。那么，怎么破呢？光有想法是不对的。比方说，有一次，我在浙江教育学院听专家讲座，那个专家讲："你们小学数学老师真的不好。我的孩子读二年级，回来要我编 100 道不重复的题给他做，有这样做事情的吗?!"这个攻击是对的。我们是做得不好，那你能不能告诉我们该怎么做？新课程又能怎么样呢？该怎么做讲得很模糊，不该怎么做讲得倒很明确。

我觉得它的某些理论基础不对。上次，我们听的那个讲座，说新课程的理论基础是多元智能理论和成功智力理论。如果说新课程的理论基础就是这两个，我就觉得这肯定不对。多元智能理论，在我的脑子里头，它等于不是理论。还有成功智力理论，它的价值观有问题。如果这两个理论真的是新课程的理论基础的话，那肯定是要失败的。

我当时一个想法就是，这个东西来了，作为小学老师，我们应该怎么办呢？

第一，我们要欢迎新课程。因为它来了之后，有很多钱到教育系统来，我们会得到培训，我们会得到重视，它有好处。既然有好处，干嘛我们不欢迎它呢？很多人说，新课改不好，太乱了什么什么的。我就说，要欢迎它，因为它给我们带来好处，它体现了国家对教育重视的一种方式。舆论来了，钱也来了，国家给你一个做事的载体了嘛！

第二，我们要努力去实践新课程。它的很多想法是对的，但它没有给我们提供具体的操作做法。我们不要等，等它有好方法给我们是不可能的，因为那些课改专家是不从事中小学的教学的，他们并不太懂教学，必须我们老师自己来研究。因此，学生的教学我们要把握住，不能把它丢掉。

第三呢，要把心放平点，不要对新课程寄予太大希望。

再一个观点就是，他讲的不是理想课程，而是新课程。既然是新课程就会变旧，就像新娘子会变老一样，新课程也会变旧的。三年是新，五年也是新，新过以后，就会变老变旧，然后，会有更新的课程来。因此，我们把这个新课程就当做春天里的一种风而已，这个风会过去，会带点雨，但它总会过去。我们也很高兴吹这种风淋这种雨，但是不要攻击它。然后第二种风又会来，又淋些雨。真正的春天，是在若干阵风若干阵雨之后，才会生机蓬勃地出来。所以，我跟我们的老师讲，我们要这样来看新课程，心要很平和，要重视它但不要斤斤计较。有人问："我们还要考试吗？"我说："你这是浪费时间，肯定要考的，考试怎能不要呢？"又问："我们还要板书吗？"我说："板书肯定也是要的。"

 **访谈手记**

在中国，"改革"其实是很敏感的话题。因为这里面多多少少都会牵涉到政治和经济利益上的问题。有很多东西是大家心里都明白但是不能说出来的。还有很多东西是我们一般老百姓任凭如何想象都不能明了的。

改革大潮汹涌而来的时候，作为普通老百姓，我们几乎不能辨识这股大潮从何而来，又到何处去。我们无法洞悉，在这些弄潮的风流人物当中，有谁是抱着满怀的诚意心系着国家和民族的命运。我们小心地聆听着周围的人们对改革的种种评说。赞也好，批也罢，我们需要的是发自内心、真诚地说出的声音。

俞老师对新课改的评说不一定对，但他至少是真诚的。

◎ 戴"面具"上课的老师

【俞】新课改来了，老师们的表现也不一样。有的老师很擅长采用不同的教学方式和理念，就像变脸的艺人一样，戴着面具上课。比如专家、领导来听课了，他就笑容可掬，按新课改要求的那一套来上课，什么小组合作啦，探究发现啦，研究性学习啦，等等。专家、领导走了，就是另一副面孔了，该严肃的时候严肃，该讲授的时候讲授，该训练的时候训练。这样呢，要成绩有成绩，要新课改也有新课改，他们真是太了不起了。他们最懂得中庸的生存之道了，知道在不同的要求之间取得平衡，满足各种层次的人的需要。而这也正是教师的责任表现。我们小学老师真的是比较乖的，总认为自己水平不够，十分谦虚，十分乐于接受教育，这也是教研观摩课特别受小学老师喜欢的原因。但过了头了，就有点不舒服。现在小学教研中有所谓常态课和观摩课，说到底就是教师的两面性，这种两面性连学生也能够深刻地感受到。

曾经有位学生对我说："我们老师戴面具的。"我乍一听以为是开化装舞会，就对他说："你们老师真好，还组织你们开化装舞会。"他一听忙说："哪里，那天有人来听课，老师就笑眯眯地说：你们好，下课了，作业没做好不要紧的。可是等听课的人一走出教室，她就狠狠地说：作业没做好谁也不准出去。"我听了直想笑。其实我们经常这样的，我们都希望将好的一面、美丽的一面呈现给外人，将不修边幅的、邋遢的一面呈现给最亲密的人。

回到主题上来，对学生来说，教师的观摩课就是教师的一个面具了。对教师来说，观摩课呈现的以理念为主，满足人们对教学理想的追求；常态课以获得良好的知识掌握为主，满足人们对学生学习分数的追求。

问题是这两种追求为什么被如此鲜明地割裂开来，以致成为两种面具呢？我们的智慧为什么不能将这两种追求有机地结合起来呢？为什么素质教育与应试教育要水火不容呢？原因在于我们对我们的教学缺乏一种坚定的核心追求。

访谈手记

可这核心追求是什么呢？也许正是因为在核心追求上有了分歧，所以才会出现这种戴着面具上课的现象。

◎ "美女成长三步曲"

【访】据说，您曾讲过一个"美女成长三步曲"，它指的是什么？

【俞】美女是一个借喻，一个女人追求成为美女与老师追求上一堂优秀的观摩课是类似的。

老师们积极努力，追求新课改要求的境界，结果呢，做了一段时间后，看不见效果，还感到无所适从，这就跟女人想变美女一样。女人呢，都想成为美女的，于是，她就想知道什么样才是美女啊？然后她就千方百计地了解专家解读的美女标准比如胸围、腰围应该是几厘米，接着她就开始按照这个美女标准来打造自己了。第一步，自然打造。可是后来发现，自己的胸围、腰围总是离美女的标准相差若干厘米。向专家咨询，专家说，运动是一个不错的选择，那就接着进行第二步：运动打造，锻炼胸部、锻炼腰部。一段时间下来，发现打造的结果还是不能令人满意。于是只好进行第三步：人造美女。通过人工手术，胸部注射，腰部抽脂，终于达到标准的厘米了，可是别人一看，却还不像是美女。为什么呢？因为没有味道了。

所以成为美女，是因为有美的韵味，什么风姿绰约、婀娜多姿，讲的都是一种韵味，舍去韵味而去追求标准，是舍本逐末。为什么会这样呢？因为韵味难以表达、难以追求，标准可以表达得很清楚，也可以有清晰的追求方式。

事实上，一个女人如果要去做别人心中的美女是很累的，是一场无尽头的黑暗，因为标准是会变的，今天是燕瘦、明天是环肥。一个聪明的女人决不会这样去追求的，最好的追求就是做最优秀的自己，让自己有文化、有修养，让自己健康、有活力、有阳光，浑身上下充满韵味。

数学课也是这样。不要问好的课有什么标准，好的课学生应该是开心的，教师与学生之间是融洽的；一节课下来，学生知识掌握是扎实的，如果考试一下，分数是不错的；学生感觉上课是过得很快的，等等。这样就可以了，美其实是很简单的，数学课一定是简单的，因为数学本身是简约的。

◎ 丰富学生的学习方式

【俞】现在有许多教授学者谈起新课程、新理念的时候，就老是讲"我们要改变学生的学习方式"，"我们要变记忆性学习为探究性学习"。什么东西才要改变呢？当然是错的才要改，不错的就不要改嘛。结果呢，听了课改专家的讲座之后，老师们就觉得单纯模仿记忆就是不好的学习方式，只有活动探究才是好的。老师们呢，在课堂上不敢要求学生记忆了，也不敢讲得太多了，课堂上学生自主探究多了。这就从一个极端滑向另一个极端了。我就觉得不应该叫"改变"，而应该叫"丰富"。

比方说数学，因为数学是人们对客观世界定性把握和定量刻画，逐渐抽象概括，形成方法和理论，并进行广泛应用的过程，因此，至少有三种可以用来学习数学的方式：

第一种，就是指向定性把握和定量刻画的学习。这部分内容的学习就是接受人类出于认识客观世界的需要而作出的数学规定，其表现特征就是模仿、记忆。比方说，什么的一半就用二分之一来表示，这就是规定，要记住的。

第二种是指向逐渐抽象概括，形成方法和理论的学习。这部分内容的学习具有双重性，既用到探究发现，又用到接受、记忆。比如三角形的内角和等于180度，就是既能探究又要记住的东西。

第三种是指向数学应用的学习。这部分内容的学习包括两个方面：一是运用已知的知识学习新知识，把新知转化为已知来认识，比如求证三角形的内角和是180度的时候就要用到平角的概念和平行线的定理。其次是运用所学知识解决生活实践问题。不论是前者还是后者，都要求学生抽象出不同问题情境、不同认识内容间的内在联系，通过合作、交流、探究，自主地进行。

所以，我觉得，模仿学习、记忆学习、操作学习、探究学习等，不论哪种学习方式，都是学生学习成长所必需的。在学生学习的时候，任何学习行为都不能界定为某种单纯的学习方式，而只能是以某种学习方式为特征，兼具别种学习方式的综合性学习。

各种学习方式相对于学生的学习成长而言，没有优劣、轻重之分，只有在学生的不同年龄阶段，针对不同的学习内容，学习方式才表现出其不同的适宜性。教学方式其实也是如此。并非接受式就不好，启发式就好，应该结合具体的对象、具体的学习内容来看。

一个优秀的数学教师不会只用一种教学方式，那样太单调了，很没意思的。他也不会盲目追求某种流行的教学方式，傻到把原来有效的教学方式丢掉。他一般都会根据具体学生、具体材料，适时选择有效的教学方式，让学生用自己习惯的方式学习，同时也教给学生其他学习方式，丰富学生的学习经验，提高学生的学习能力。

新课程呢，否定了灌输教学。其实灌输教学也是很好的。有些东西必须学会，该灌的就要灌，该启发的启发，该研究的研究。所以，叫丰富学生的学习方式。这是2001年我作的一个讲座。当时我们的一个教研员说："你呢，看问题，看得很本质，但也不偏激。但是你在这个时候不应该这么说，因为我们对新课程要充满热情。"我说:"不行的,你这叫误导。就像我们大跃进一样,让老百姓有热情有热情,到那地步以后,人要垮掉的。靠专门鼓着劲可不好,要给人一种想法,理性地去做这个事情。"

所以我觉得,不能叫"改变",应该叫"丰富"。

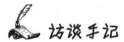 **访谈手记**

当我们正困惑于是否转变学习方式的时候,俞老师只变换了一个词,就顿时驱散了困扰我们思想观念的迷雾,立马把我们在学习方式认识上的偏差给纠正过来了。

表面上看仅是一个词的变化,但它反映的思维方式和教学思想却是极为高明和深刻的。

作为一种思维方式,它突破了那些机械地、僵化地把不同的学习方式对立的肤浅做法,能辩证地、灵活地处理不同学习方式的关系,因而它是高明的。

作为一种教学思想,它不仅澄清了传统学习方式和新的学习方式之间的关系,还从根本上解决了人们在选用学习方式或教学方式上的认识矛盾,和现代教学多样综合的教学思想相契合,因而它是深刻的。

◎ 什么是有价值的数学

【俞】我还写过一篇《什么是有价值的数学》,这篇文章我自己也比较得意。什么叫有价值?老是有人攻击我们小学数学没有价值。课程标准里说,要让学生学习有价值的数学。然后就有一些专家攻击我们小学数学没有价值。那你说说什么叫有价值?这些问题得首先搞清楚才行。所以,我觉得我当时思考这个问题的时候,是在很前沿的地方思考的。

【访】这的确是一个很前沿的问题。

【俞】比如有这样一个数学题目:某水池有一进水管,单独放水需 20 小时把空水池放满;有一出水管,单独放水需 24 小时放完一池水。问同时打开进水管和出水管,几个小时可以把水放满?

就这么个题目。有人认为这样的数学内容是没有价值的，因为现实生活中没有这样的情境嘛！谁会一边开着进水管一边开着放水管来给水池放水呢？这不是笨吗？

可是，当我把这个问题交给学生讨论的时候，呵！学生的回答出乎我的意料。因为他们发现了生活中有很多类似"同时打开进水管与出水管"的现象哩。比方说大家去某个地方看演出，排队候场的时候，就有不断来排队的人和不断进场的人，来排队的人多于进场的人，外边等候的人就会越来越多。还比如人体的新陈代谢，就是不断地消耗和不断地补充。社会人口的增减，也是这样，不断地出生，不断地死亡。出生的人多于死亡的人，人口就会增加，反之人口就减少。在欧洲一些发达国家就是出生的少死亡的多，所以总人口数在下降。

【访】这些学生真聪明。

【俞】在学生的理解里，进出水管同时打开是表示有进有出的一种动态平衡。这种对动态平衡意识的感悟是非常有价值的数学体验。

所以，我们在理解"有价值的数学"的时候，应该避免肤浅理解，避免实用主义。数学必须和生活联系，但数学的生活化并不等于"功利诉求"。联系日常生活的数学教学，其目的是为了有利于学生理解数学的抽象及应用过程，并体验数学的价值，形成正确的数学观。

我们不能简单地把数学分为有价值和没有价值两类。数学的价值如何，不在于数学本身，而在于教师如何组织这些教学材料，在于教师如何展现。

单纯从内容上，尤其是从该内容是否对生活有用这个方面去理解数学的价值，肯定是不对的。这不是数学的思维，也不是教学的思维。我们应该从教学艺术角度去理解有价值的数学，研究如何让教师针对不同的学生展现数学的不同价值。

✒ 访谈手记

什么是有价值的数学，的确是一个很前沿的问题。正由于太前沿了，所以，俞老师对这个问题虽然有思考，但也仅限于感悟而已。

这里首先涉及的是对谁有价值的问题。记得在泰勒（Ralf W. Tyler）的《课程与教学的基本原理》里有一个要求学科专家回答的问题，即"究竟你们学科对于教导那些并不想成为你那一领域专家的青年人有何贡献？"，或者说"你的学科对于外行人或一般百姓有何贡献？"。泰勒认为，如果学科专家能对此问题作答，那么必能作出重大的贡献。泰勒的意思是，在选择课程内容的时候，应该选择那些对将来不从事该专业的人有用的东西。① 这也是当今较为盛行的一种课程观念。细究起来，这种观念其实也有认识上的纰漏。难道那些将来要从事该专业的人的学习需要就不值得考虑了吗？

还有一个就是对谁干什么有用的问题。只考虑是否对生活有用显然太狭隘了。难道不应该考虑考虑对发展学生的思维能力是否有用？哈佛大学的心理学教授塞德兹②就认为，努力发展自己的智力和品质是我们每个人的本分，教育孩子最好抛弃处世哲学和赚钱术。

◎ 数学生活化

【访】新课改以来，"生活化"问题成为一个普遍受关注的热点问题。请您谈谈对这一问题的看法。

【俞】尤其是我们小学数学，关于这个问题的争议很大。我们的"数学课程标准"在论述小学生的数学学习时，强调"从学生已有的生活经验出发，让学生亲身经历将实际问题抽象成数学模型并进行解释与应用的过程"。这一要求被数学教育工作者们用"数学生活化"一词加以概括，把它作为新课程的标志性理念之一。

在实践中，"生活化"这一理念衍生出许多令教师们困惑的问题，比如数学学习一定得经历由生活而抽象的过程吗？生活情境成为分散学生注意力、干扰学生数学学习愿望的因素怎么办？如何才能使数学生活化成为促进学生学习质量提高的有效手段？等等。

我们首先得明白这一点：数学生活化不是数学学习的目的，"数学化"

---

① 泰勒. 课程与教学的基本原理［M］. 黄炳煌，编译. 台北：桂冠图书公司，1980：32.
② 塞德兹，原是俄国人，青年时代留学哈佛大学，师从美国心理学之父詹姆斯。塞德兹用一套独特的教育观念把自己的儿子培养成了一名享誉天下的少年天才。他的儿子威廉·詹姆斯·塞德兹从1岁半就开始接受教育，到3岁时已能用本国语言自由地阅读和书写了。6岁上学那一天，上午9点到学校的时候被编入一年级，到中午12点他的母亲去接他的时候，已经成了三年级的学生了。8岁上中学。11岁进入哈佛大学，15岁作为优等生从哈佛大学毕业。《俗物与天才》是塞德兹教授20世纪初出版的一本教育学名作。2001年被京华出版社译介到我国，成为很流行的早教读本。

才是数学学习的真正目的。数学生活化作为一种达到目的的手段，其意义在于找到数学学习的起点，使学生的思维得到已有经验的支撑，帮助学生找到一个已有的结构来内化所需掌握的知识。因此，对"数学生活化"的讨论，离不开对学生数学学习的研究。

学生的数学学习主要有三种类型[①]：第一类是以"定性把握与定量刻画"为特征的学习，比如"米的认识"等，借助度量的体验确定长度单位；第二类是以"抽象概括"为特征的学习，比如"加法交换律"等，在观察、比较、归纳基础上得出结论；第三类是以"应用"为特征的学习，比如"平均数应用题"等，运用已学的运算知识去解决生活中的现实问题。

基于以上对学生数学学习特征的分析，我们在讨论"数学生活化"这一问题时，应与上述学习特征紧密联系，使得"生活化"成为"数学化"的手段，使得数学课不会被"生活"喧宾夺主，保留其数学味，让学生体会数学魅力。与三种不同特征的数学学习相对应，教师在课堂上对"数学生活化"也应体现不同特征的三种把握，即以"生活经验"为特征的数学生活化，以"生活原型"为特征的数学生活化，以"生活应用"为特征的数学生活化。

【访】请您具体说说这三种"数学生活化"的类型。

【俞】第一种就是以"生活经验"为特征的数学生活化。比如，以"分数的初步认识"这一课例为例。

首先，学生分数概念的建立可以描述为如下过程：

生活中经历过的情境 →	生活中已获得的经验 →	需要建立起来的分数概念
分一个西瓜 → 分一个月饼 分一堆西瓜 ……	分一样多的两个一半 分不均得到一大半和 一小半 ……	把单位"1"平均分成若干份，表示这样的一份或几份的数 ……

从上表中我们可以发现，生活情境与生活经验是有区别的。生活经验是对一类具有同样性质的情境结构的抽象，这种抽象是以自悟的形式在生活环境中积累下来的。学生在理解分数概念时，决定理解质量的是学生生活过程中对"半个""一半"等不完整数的理解，而这些不完整数正是学生在各种生活分割情境中获得的经验。

---

① 关于数学学习方式三种类型的划分，详见本章"丰富学生的学习方式"。

在"分数的初步认识"的课堂教学中，有的教师经常会在课上安排一次切割活动，比如让学生分月饼、吃月饼或分西瓜、吃西瓜，以激发学生的兴趣，认为这就是"数学生活化"。这种生活化就应该得到质疑。因为学生在切月饼或西瓜时，他们的数学思考已经淹没在月饼、西瓜等色香味引起的其他想象中了。当刀切向西瓜时，他很自然地想"西瓜熟吗?"，而把"平均"之类的数学思考抛到脑后去了。

我的观点是："分数的初步认识"没有学生的生活经验，建立概念是有困难的，即便建立了，也容易忘记。因此，在这一类型的学习中，教师需要通过"生活化"这一手段来提高理解质量，那么，怎么来体现"生活化"呢? 举个例子来说吧:

"分数的初步认识"教学预案片段

流　程	目　的
讨论：我们今天来研究"半个"，你能拿出或说出"半个"东西吗?	激活经验，并由学生呈现各种生活情境，以凸显"平均分割"这一情境特征。
讨论：请你用你认为最好的方式拿出"一半"东西。	呈现学生对单位"十"的朴素认识。
讨论：你认为"一半"多还是"半个"多?	体验"分率"与"量"的区别。
讨论：比"一半"小是"一小半"，比"一小半"还小呢? 再小?	体验经验在特殊情况下的局限，激起认知愿望。
读书讨论。	将经验的概念转化为科学概念。

在这个教学设计中，课堂上没有安排具体的生活情境，但学生在课堂上呈现的生活情境却非常丰富。因为学生在表达"半个"这一经验认识时，都是以各自浮现的生活情境为支撑的，这样，生活情境的干扰因素也自觉地被排除在外。

可见"数学课程标准"中强调的从"生活经验"出发，而非从"生活情境"出发，是十分有道理的。而这些正是在教学实践中容易被混淆，并带来困惑的地方。

当然，"生活经验"的激活方式是多样的：可以直接用语言去激活，也可以用一些行为、一些实验操作或某个图片。不论用什么方式去激活，作为教师，始终要把"经验"作为关注点，而不能沉湎于情境的细节之中。这是使"数学生活化"有助于数学学习的根本所在。

✒ **访谈手记**

　　创设各种各样的情境，的确让课堂变得生动了，也多了些生命活力。但是并不是所有的情境都是积极的，有价值的，有些甚至相反。当教学纠缠于情境细节的时候，这个情境就阻碍了教学，干扰着教学。课堂教学也不是什么时候都需要创设情境。

　　俞老师的这段话算是给那些喜欢创设情境的人们提个醒。

　　【俞】　第二种是以"生活原型"为特征的数学生活化。

　　作为数学老师都有这样的体会，有些数学课是很难体现"数学生活化"这一理念的。有位老师准备上一节以"加法交换律"为题的研究课，苦思冥想如何落实"数学生活化"这一新课程理念，最后疑惑了：是我不会？还是这节课不能？

　　我们知道，有的数学学习是植根于学生的生活经验之中的，比如从生活经验语言层面的"一半"到数学学科语言层面的"1/2"，这一过程表现为从非形式数学到形式数学的逐渐数学化，是对客观世界的定性与定量刻画，与生活密切相关。

　　而有的数学学习（即前面分析的第二种类型）是建筑于学生已掌握的科学的数学知识之上的，是学生运用观察、比较、抽象、归纳等学习能力与实验、讨论等辅助手段，建立起来的更加复杂的数学知识，这一过程表现为从较简单的形式数学到较复杂的形式数学的逐渐数学化，数学中的方法、定律往往是这一类型的学习。比如"质数与合数"这一课，它的教学流程一般是，先写出这列数的所有约数；然后是观察各数的约数，你能怎样分类？接着是归纳、概括，形成定义。

　　你说这个教学过程有没有"数学生活化"的特征？

　　【访】　我看不出来。我觉得这就是一个纯粹的数学思维活动，没有多少生活情境或生活经验在里边呀。

　　【俞】　其实是有的，这就是我说的"生活原型"。这里面的生活原型是什么呢？比如分类，在学生的生活经历中，经常有排队时候的"高低"，分物品时候的"多少"，学生在生活中所经历的这些诸如排队、分物品中形成的结构原型，自然地就运用到了教师提供的材料分类中去了。

　　在我看来，教师固然是落实这一理念的能动主体，但学生是学习过程中潜在的真正主体，教师对"数学生活化"的主体作用往往以某些外显的教学行为呈现，而学生对"数学生活化"的主体作用则以更直接的内隐的结构同化而体现。因此，在讨论"数学生活化"这一命题时，教师不要太重视自己的作用，不要把"数学生活化"作为标榜，要充分尊重小学生这一极具人文色彩的学习主体在学习中的"生活化"作用，因为小学生往往是以很"生活"的理解来接受数学知识的。

　　【访】我还是不太明白这个"生活原型"。

　　【俞】那我再给你举一个例子。比如有一位老师在上"9+5"这一课时，要求学生用不同的方法来计算，结果学生给了这样一些算法：

(1) 9+5	(2) 9+5	(3) 9+5	(4) 9+5
=9+1+1+1+1+1	10+5=15	=9+1+4	=4+5+5
=14	15−1=14	=10+4	=4+10
		=14	=14

　　看到学生用了这么多的方法，老师很高兴，然后，进入"优化"环节，老师问学生："你们喜欢哪一种计算方法？"学生说来说去，居然是喜欢第二种的多。其实第二种书写比较乱，老师还是想把学生引导到第三种上去。结果呢，师生之间在"优化"环节就发生了冲突。老师怎么也弄不明白，为什么学生坚持说第二种方法更好呢？

　　【访】是啊，为什么呢？

　　【俞】这个问题的答案就在于对"数学生活化"这一问题的认识。学生在思考"9+5"的计算方法时，是以自己的"生活原型"作支撑的。这第二种方法的生活原型就是"借与还"，而第三种方法的生活原型是"拆与补"。显然，"借与还"在生活中的经历，对小孩子来说，要比"拆与补"的经历熟悉得多，这就是学生坚持认为第二种方法比较好的原因所在。

　　【访】真有意思。那以"生活应用"为特征的数学生活化又是怎样的呢？

　　【俞】数学始终是人类的一种工具，用以解决生活中的客观问题，满足社会发展的需要。对于小学生来说，用所学数学知识解决生活中的问题，会加深对数学知识的理解，体会到数学能够增强人的力量。在课堂教学中，这一类型的数学学习是比较多的，我给它归纳了几种。

　　首先是简单的理想生活问题的解决与判断。这类问题有充足的题设，有必然有的问题，通常意义上的应用题即属于这一类型，比如平均数应用题、行程问题，等等。学生在应用所学知识解决这些问题时，注意力更多地集中于这些问题的数量关系上，也即建立一个这类问题的模型，然后运用这个模型与所掌握的四则运算，解答应用题。因此，这类问题与严格意义上的"生活"是有距离的。它们可视为学生真正运用数学解决生活问题的过渡时态。

其次是现实生活问题的解决与判断。比如测量房屋的大致高度、判断学校食堂中餐用米千克数等，这类生活问题没有题设，因此给学习方法的选择留有较大空间。比如房屋高度的测量可以选择参照物，可以利用图纸，可以先测一层高度再乘以层数，不一而足。学生发现同一生活问题可以用多种数学知识来解决，必然加深对数学知识的理解，并使所学的数学知识之间彼此融会贯通。

再次是哲学层面的生活理解；生活即数学，数学本身就是生活。小学生是天生的哲学家，因为语言尚未丰富，因此，他们难以用语言表达他们的哲学感受。

对于小学生来说，把数学应用到生活中去，目的不在应用本身，目的依然是数学学习，因为"应用"本身就是数学学习的一部分。

所以，作为数学教师，应该在小学生的数学课堂学习中，用一颗智慧的心，从数学学习的需要出发，去激活学生的生活经验，去尊重学生对数学的生活化理解，妥善引导学生在数学应用中提升数学理解的质量，真正把"数学生活化"落到实处。

◎ 把生活材料数学化

【俞】还有一次我听一个老师上北师大版教材一年级下册"认识人民币"这节内容，基本环节就是：说一说（平时用钱的经历），讲一讲（每一币值的特征），想一想（购物判断），猜一猜（根据特征说可能是哪一币值），练一练（某价格可由哪几种币值及数量组成）。这节课上得挺热闹，学生有话说，但听完课，感觉有几个问题。

首先一个印象是这节课不像数学课。课上所有的过程材料都是生活常识，因此这节课更像指导孩子认识人民币的生活指导课。

第二个感觉就是看不出学生学到了哪些新东西。因为关于人民币，学生早就积累了丰富的生活经验，特别是在经济发达的地方，学生关于用钱的经验还是比较丰富的。这节课上完了，学生的认识还是停留在上课前的经验水平上。

我就想一个问题：怎样才能把生活化的素材上出数学味来呢？

我自己就尝试着做了一个设计。我把教学环节分为：收集材料，整理分类，分类讨论，统一整理，练习作业。

我认为数学课最重要的是训练学生的思维。关于人民币，小朋友已经积累了一些经验，比如它的表面特征、单位和进率等。用一节课的时间来学这些生活中已经掌握的东西，这节课的发展意义就不大了。分类是很重要的思维方式。因此在设计的时候，我就把训练重点放在了分类上。

我让学生尝试用不同的分类方式，对各种人民币进行分类。在进行分类的时候，学生们就发现了很多问题，比如：为什么有的是硬币，有的是纸币？为什么有的没有硬币只有纸币，有的既有硬币又有纸币？为什么只有1分、2分、5分的币值，而没有3分、3角、4元的币值？发现了问题，学生的思维质量就提高了。然后再进一步组织学生讨论，这节课的数学味就有了。

访谈手记

数学生活化和生活材料数学化，一直都是数学研究的两个方向。生活材料数学化是纯数学的研究，把数学生活化则是应用数学研究的范畴。

中小学的数学课程内容又是来源于已有的数学研究成果的，所以，古今中外的数学课程必然有数学生活化和生活材料数学化这两个方面的内容。它们都涉及数学和生活的联系问题。

生活材料数学化是数学生活化的前提。没有生活材料的数学化，就没有需要生活化的数学。也就是说，我们必须先让孩子掌握了数学，才能谈数学的应用。在学生尚未掌握数学的时候，让学生明了数学的生活意义，唯一的好处是可以激发他学习的动机，但学生的学习不能停留在动机上，他必须向前走，去掌握数学知识。

基于对以往数学课程"繁、难、偏、旧"的判定，新课改突出强调了数学生活化。然而，它忽视了生活材料要数学化这一根本的数学问题。这种理念指导下的教学在把学生的学习引向数学的时候，肤浅的生活经验就阻碍了学生的数学学习。

好课就是能提高分数、引发思考和感觉愉悦的课

第七章
探索小学数学新课型

教学是一门富有创造性的实践艺术。但这种艺术的魅力只有在喜欢创造、能够创造的人那里，才能得以充分展示。俞老师就是这种喜欢创造和能够创造的人。每当他走进教室，他最关心的问题是："学生喜欢我去上课吗?""我的课能精彩得让学生忘记走神吗?"所以，他总是千方百计地琢磨点新花样，把课上得好玩、有趣。在长期从事小学数学的教学生涯中，他不断尝试探索新课题。这些课题开辟了小学数学教学的新领域，丰富了小学数学课程与教学的实践，拓宽了小学数学理论研究的视野。

◎ 数学欣赏课：一种有意义的学习方式

【访】您怎么想到上数学欣赏课的呢？

【俞】我爱人是美术老师，画画的人经常要看画，她经常给学生上美术欣赏课。上音乐课的呢，也经常上音乐欣赏课。那我就想，我们的数学可不可以也上欣赏课，欣赏别人的思维方式呢？所以，我就尝试上数学欣赏课，比方说我上过一堂数学欣赏课"鸡兔同笼"。当我们欣赏别人是怎么思考问题的时候，就是回过头去看我从前是怎么思考问题的，也是欣赏自己的思维历程的过程。

"鸡兔同笼"这道题目一年级的时候可以这样来做，二年级的时候又可以那样来做，三年级的时候又是用另一种方法了。通过这样的回顾和比较，就会发现方法和方法之间原来都是一样的。比方说，有很多小朋友建立不起"$2x+4（11-x）=?$"这个方程式，那他就可以用列举法来解决。其实列举法和用方程式是一样的。列举法，二年级的孩子就会做了，方程式则是五六年级的学生做的，这样就很简单了，然后呢，学生发现这都是相通的。这对影响学生的思维方式很有帮助。

【访】您是怎么组织数学欣赏课的？能不能举个例子谈谈。

【俞】数学欣赏课的材料呢，一般都选应用性的材料，通过数学模型的建立来解决问题。我的数学欣赏课的结构大致有这样三个环节：第一个环节呢，是练习，目的是让学生了解自身的发展状况，找到欣赏的起点。第二个环节是欣赏练习，包括观察学习和交流。我的意图是让学生能够欣赏自己，欣赏别人，改善自身的发展状况，形成新的欣赏起点。最后的小结也很重要。主要是交流学习心得，整合欣赏能力。

数学欣赏课的课堂组织形式可以采用较为松散的茶座式，因为它的主要表达形式是语言和情绪，没有确定的书面作业。所以，小朋友很喜欢的。

比方说，我上过这么一堂数学欣赏课。我的教学流程是这样的：我先给学生出示了一个图，让学生观察这个图，然后计算这张地图的面积。

问题提出以后，学生就开始分组讨论了。你注意到了没有，这个地图没有任何数据。我要求学生回答的是解决策略，而不是具体的算式。因此，学生的讨论没有涉及具体数据，其策略基本上局限于组合图形的面积计算，但

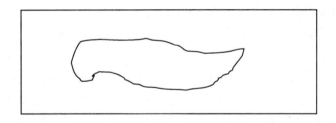

由于边线为不规则曲线，因此，按这一策略得到的是一个存在较大误差的结果，学生们感到十分困惑。

【访】这让我想起曾经参与过的一个研讨活动。当时主持活动的是澳大利亚的一位研究小学数学教育的学者，她为了让我们体会"估算"这种计算方式，就没有给我们提供任何数据，让我们计算一个城市一个月的用水量是多少。一开始是束手无策，一旦小组成员讨论起来就很有意思了。

【俞】学生讨论完，我就给他们展示了两个解决方案。

第一个方案的步骤是：

① 沿不规则边线剪下地图；

② 把地图贴在一块较厚的纤维板上；

③ 用细木锯沿边线锯下木板；

④ 称出木板的重量并量出厚度；

⑤ 在这种纤维板上锯一块体积为 1 立方厘米的木块，并称出重量；

⑥ 算出锯下的木板的体积（总重量÷每立方厘米重量）；

⑦ 用体积除以厚度得出底面积。

学生一看，耶，这个方法好棒啊！我们怎么没想到呢？然后再引导学生反思原因。反思的结果是，我们总是从平面图形的角度思考，想不到还可以是立体的。

我接着问学生："这种方法对你有启发吗？你能想出新策略吗？"然后，就有学生说："我也把它剪下来，卷成一团扔进水里，看水深是多少，算出水的体积。"其他学生就七嘴八舌地说："纸团沉不到水里。""纸的厚度量不出。""很多张纸一起量就好了。""我看把纸变成铁皮。""那跟电脑里的不是一样。"……嗨，听学生们说这说那的，有意思极了。

好，还有第二个方案呢！我又展示给学生看。

①找一张 1 平方米的纸；

②剪下地图，将地图与 1 平方米的纸放于雨下；

③数出地图与 1 平方米纸上的雨点数；

④雨点数之比就是面积之比，算出地图的面积。

然后，组织学生讨论。这次学生们对雨点数表示了怀疑，认为这个方法有点牵强附会。我就问："这种解决策略对我们有启发吗？"有个同学说："我对这种解决策略提点修改意见。"我说："很好，我们等着欣赏。"那个学生就说："地图和纸不要去接雨点，其实称重量更好，重量之比也就是面积之比。"哗！课堂上一片掌声。

最后请学生们谈谈自己的体会。有学生说："我认为转化为体积比较精确。"有的说："我认为第二种比较好，有一种出乎意料的感觉。"还有的说："我认为××同学的补充真棒。""我们的思路不够开阔，他们求面积都不是从面积的角度去思考。""我觉得真有收获。"

【访】学生肯定很喜欢上这样的课。除了学生很喜欢，您觉得上欣赏课还有什么好处？

【俞】我觉得，欣赏，是一种很有意义的数学学习方式。数学欣赏课呢，其实就是欣赏人家的思维方式，也可以说是思维欣赏课。数学上有很多这样的题目，都是很聪明的人用了很聪明的方法解出来的。我把这些题目找来，让学生去体会，从这些出人意料的解决策略中体会到不同的思维方式所带来的精彩。这样呢，学生就能主动地去寻求优质的解决策略，并自觉地审视自己的思维质量，帮助自己改善思维方式。

它和传统的接受性学习与研究性（探究性）学习不同。因为接受性学习与研究性（探究性）学习都是基于学生的认知能力，并以发展认知能力为特征的，而欣赏性学习则是基于学生的元认知能力，并以发展元认知能力为特征的。

事实上，欣赏作为一种学习方式，对于学生来说并不陌生。美术、音乐、文学都比较注重欣赏。欣赏性学习在学生的生活中也比比皆是，比如，某位学生看到好朋友做了一个非常有趣的小玩意，便也想做一个。欣赏性学习有时具有模仿的性质，但又不是简单的模仿接受学习，其根本区别在于欣赏性学习是处于心智的愉悦中，是对自己能力表现审视之后进行的再学习。

思维欣赏课以培养学生有意识地开展有意义的欣赏性学习的能力为目的，让学生意识到散落于生活中的不经意的欣赏性学习是学习能力的重要组成部分。因此，上好思维欣赏课，对于学生的学习发展来说是十分有意义的。

【访】我觉得您这个数学欣赏课本质上跟古老的模仿学习类似。

【俞】有这么点渊源。但是，在数学尤其是小学数学教学的实践中，虽然也有模仿学习，但没有把它提升到欣赏这个层次上，尤其是没有把它作为很重要的学习方式加以强调。我们关注的是怎样让学生掌握基本知识与基本技能，忽视怎样让学生高质量地掌握这些知识和技能，更忽视提高学生掌握知识和技能的学习能力。

我上欣赏课，还有一个很深的体会，就是欣赏性学习是一种很有效的发展元认知能力的学习方式。它对学生提高知识掌握的质量很有帮助，因为学生不停地反思自己的思维方式，还要把自己的思维方式和别人的拿来比较，这样学生对自己的认知过程就有了更深的了解和认识。这不就是人的元认知能力吗？

我去给别人上课的时候，其他老师问我还有什么数学欣赏课的材料，他们说你最好编一本数学欣赏课的教材。

但是我觉得，数学欣赏课不能上得太多。有时候一题多解可以上成欣赏课，有些很精彩的解题方法也可上欣赏课。我们来欣赏它，不是要理解它，这种方法也不要求你一定掌握，但是这个方法好在什么地方，咱们可以欣赏欣赏。有时数学欣赏也可以在一节课的某个环节进行，不一定非得用整节课来欣赏。一个环节也行。这样欣赏要成为教师经常考虑的一种学习方式。我是这个意思。所以，我说你让我编本教材我是编不出来了。它是一种思想，一种理念。

由于平时我们对数学学习中的欣赏性学习认识较少，欣赏性学习作为一种学习方式，对它的意义、价值、机制、流程等都缺乏详尽的研究，用于学生欣赏的数学材料也十分匮乏，因此，还需要有更多人关注这个问题，把这项研究深入下去。

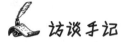 **访谈手记**

当过学生的人都知道美术欣赏课、音乐欣赏课、文学欣赏课（具体还有诗歌欣赏、散文欣赏、小说欣赏，等等），估计听说过数学欣赏课的人不会太多。我到网上一查，发现当今像俞老师这样给小学生上数学欣赏课的也是绝无仅有。有一个老师给一年级的孩子上欣赏课，欣赏的是孩子自己画的圆，也没有深入到欣赏不同的思维方式上。所以说，称俞老师是数学欣赏课的开创者一点都不夸张。

俞老师的数学欣赏课首先是一个思维展示课，他展示的不是儿童的"作品"，而是各种各样的聪明人解题的策略和方法。它还是灵动的、很好玩的课，它让学生的思维从一个角度变换到另一个角度，从一种方法变换到另一种方法，让学生的思维在这种变换的过程中灵活地跳跃，就像做一个很有意思的探险游戏。它还是很高超的示范课。俞老师的欣赏课是随意的、不留作业的。他也从不要求学生必须掌握这些方法。欣赏，就是目的。只要学生觉得开心，觉得数学很有趣、很好玩就行了。然而，当你面对一个挑战你的智力游戏而百思不得其解的时候，你能不被那奇妙的解决问题的想法打动吗？俞老师的数学欣赏课就是很打动学生的。学生的心灵在和聪明人的无言的交流中受到触动。这种触动就成为学生学习模仿的动力。这些聪明人和聪明的解法就必然成为学生学习的榜样。

喜欢数学的人都知道数学是一门很有魅力的学科。2002 年著名数学家陈省身曾提了这样一句话寄语青少年儿童：数学好玩。同年科学出版社出版了一套丛书，名字就叫"好玩的数学"。2002 年菲尔兹奖得主、美国数学家符拉基米尔·福沃特斯说："数学是最聪明人之间的较量，因此非常具有挑战性，同时，数学的美丽使研究数学成为一种乐趣。"[①] 美国著名数学史学家克莱说："音乐能激发或抚慰情怀，绘画使人赏心悦目，诗歌能动人心弦，哲学使人获得智慧，但数学却能提供以上的一切，给人快乐。"[②]

然而，令人遗憾的是，在孩子们当中，真正能够感受这种魅力的人却很少。有很多人出于功利的目的，逼着孩子去学奥数，这样不但害了孩子，也掩盖了数学的魅力。在帮助小学生体会数学真正的魅力方面，俞老师的数学欣赏课就是一个非常成功的尝试。他的欣赏课能让学生对面前展示的智慧精华感到惊讶甚至震惊。他们总是带着一种高涨的、激动的情绪从事学习和思考，感受着数学无穷的魅力，体验着创造的喜悦。

由于是孤军奋战，所以，俞老师开创的这个新领域还是略显单薄。数学欣赏课完全可以不止于欣赏思维方式。它也可以像其他的欣赏课一样，欣赏它的语言，它的思想，它的意境。比如数学的语言是非常美的，2005 年华裔数学家丘成桐在一次演讲中提到："数学的文采，表现于简洁，寥寥数语，便能道出不同现象的法则，甚至在自然界中发挥作用。我的老师陈省身先生

---

① 转引自：彭钢，等，主编. 小学数学课堂诊断 [M] . 北京：教育科学出版社，2006：43-44.

② 转引自：易南轩. 数学美识趣 [M] . 第 2 版. 北京：科学出版社，2004：231.

创作的陈氏类，就文采斐然，令人赞叹。它在扭曲的空间中找到简洁的不变量，在现象界中成为物理学界求量子化的主要工具，可说是描述大自然美丽的诗篇，直如陶渊明'采菊东篱下，悠然见南山'的意境……从欧氏几何的公理化，到笛卡儿创立的解析几何，到牛顿、莱布尼兹的微积分，到高斯、黎曼创立的内蕴几何，一直到与物理学水乳相融的近代几何，都以简洁而富于变化为宗，其文采绝不逊色于任何一件文学创作。"① 可见，数学也是一门人类的艺术呢。

世人皆知，不是人人都能成为数学专家。但是，一个受过教育的人如果不能像欣赏音乐、绘画、诗歌一样来欣赏数学，那将是人生的一大缺憾。因此，数学欣赏课的最终目的应该指向让所有受过教育的人都能轻易地感受和鉴赏数学的魅力。

◎ 数学准备课：寻找学生的学习起点

【访】听说您长期以来研究数学准备课，您对数学准备课进行了哪些方面的研究？

【俞】最近我有一本小学数学方面的书就要出版了，里面对准备课程有系统的介绍。

【访】还是请您给我们介绍介绍吧。

【俞】其实也谈不上很深入了，我主要是对准备课的内涵、特征、类型、价值、评价以及开发等问题进行了一点思考。

【访】那什么是准备课？

【俞】在小学低段有很多以"准备"为目的的学习活动。这些学习活动都是有计划地进行的，有的活动的目的是让学生获得一些有益于进一步学习所必需的直接经验，有的呢则是把学生的生活经验朝着有利于纯粹知识的学习的方面过渡。这样的课程，我们就称它准备课程。

就广义而言，小学数学每一节数学课，都是后续学习的准备课。狭义的

---

① 丘成桐. 数学和中国文学的比较［ED/OL］. （2005－08－30）［2007－10－12］. http：//www. jx. xinhuanet. com/campus/2005-08/30/content_ 5010848_ 3. htm.

数学准备课，它通常是指为提高数学显性知识学习质量而进行的，指向于经验、思维要素、学习品质、数学语言等内容的课堂学习。我研究的多是在狭义这个层面上的准备课。

就学生的整个数学学习而言，没有数学准备课，学生的数学学习同样是完整的，但有了数学准备课，学生的数学学习会显得比较有质量。

在通常的课堂学习中，学习组织者一般都会安排复习环节，帮助学生回忆起从前学习过的知识，从而开展本节课的学习。毫无疑问，这是一种学习准备。

【访】准备课和预习、复习有什么区别？

【俞】显然，两者有相同之处，但其差别也是显而易见的。"数学准备课"将学习准备视为一门课程，进行专门研究。它关注学生知识学习中应具有的条件，并为这些条件设计课程，学习准备的重要性就提高了。

我认为一门成熟的数学课程，应由两部分组成：一部分是由组成这门课程的所有知识点及其相关材料、方法组成的主体课程。这部分课程的出发点是学科知识，基于知识的系统性编制。

另一部分是为了使知识点有效地被学生接受而组织的材料及相关的方法组成的准备课程，编制这部分课程的出发点是学生本人，基于学生的生活阅历、思维要素、思维方法等。打个比方，如果以农民种田来比喻，那么，主体课程相当于对种子的选择，而准备课程相当于对土地的整理，两者是相辅相成的。

对于课堂教学来说，一个没有准备课程的数学课程也是可以完成的，但学生的学习会变得比较痛苦，而有了准备课程的数学课程，则会使学习变得有质量。

访谈手记

俞老师研究准备课很长时间了。他对准备课的理解不同于我们一般人都知道的那种"入学准备课"。他的准备课是一种很特殊的准备课。

农民种地，一般都会在种地前翻翻地，整理整理，认真的人还把那些大土块砸得细细的，这样很利于种子发芽。这是农业常识。不整地就直接把种子撒在地里的人是很受人鄙视的懒惰行为。学生的心灵就好比是一块肥沃的土地，教师的工作就是要在上面播撒文明的种子。然而奇怪的是，这样复杂的播种工作开启之前，很少有人想到必须把这块地整一整。

苏霍姆林斯基曾讲过一个不走运的农民奥麦尔柯爷爷的事。奥麦尔柯爷爷有一俄亩土地，他决定用粒选的种子播种春小麦。整整一个冬天，奥麦尔柯爷爷和他的老伴玛丽雅奶奶坐在炕头上，用手工一粒一粒地选好了种子。播种的时刻到了才发现，奥麦尔柯爷爷在关心种子的时候却忘了耕地。只关心种子而忘记了耕地，那等于撒下种子去喂麻雀。①

俞老师的准备课做的就是"耕地""整地"的工作。他要探究的问题主要是：怎样把学生的心理，尤其是认知状态，调整到完成某个教学任务所要求的状态。

按常规，一般教学都是通过预习新课或复习旧课让学生适当地调整一下心理准备状态。俞老师的准备课的重点似乎是，寻找架设在科学认识和学生的经验认识之间的中介桥梁。

【访】您觉得准备课有什么意义？

【俞】首先从学生个体这个层面来看，良好的学习准备可以使学生能够顺利地完成学习任务，达到优质学习的效果。

教育界不是有句话很流行嘛，叫"跳一跳，摘桃子"。要是把这句话倒过来说，就是"摘桃子，要跳一跳"。跳，就需要一个借力的地方，这个"地方"呢，就是学生的准备状况了。"跳"就是一种学习能力，"桃子"就是需达到的学习目标。

比方说，"长方形、正方形的面积"这个内容的教学设计，可以有这样两种：

第一种教学设计，从情境入手开展学习。

教学环节可以这样组织：

环节一：创造情境，激发兴趣，提炼问题

让学生拿出数学课本与一个作业本，要求学生思考用哪些方法来比较两个本子的封面的大小。讨论发现，数方格的方法比较好。

环节二：探究新知：认识面积和面积单位

在情境活动基础上建立面和面积的概念。接着在数方格比较大小的过程

① 苏霍姆林斯基．给教师的建议［M］．杜殿坤，编译．北京：教育科学出版社，1984：470.

中，通过数两个方格大小不同的图形，来认识到必须建立同样大小的方格，从而引出面积单位。再让学生看书认识面积单位：平方厘米、平方分米和平方米。然后举例子判断形成面积的表象，最后练习。

第二种设计，可以从学生的预习和复习入手。

环节一：课前预习

要求阅读书本①第 134 页到第 136 页，分别剪一个边长为 1 厘米和 1 分米的正方形。我的设计意图是：因为学生的"先期学习"有所不同，通过布置预习作业，让每一个学生被动地进行一次较完整的先期学习，以此缩短学生个体间因先期学习而形成的差别。

环节二：复习、整理有关长度认识的基本结构

先画一条线，再在线上点两个点，说明直线上两点间的一段叫做线段。和学生一起讨论一些关于线的知识。边讨论边整理，形成如下板书：

长度	线	长短	常用单位	度量	工具
			cm、dm	m	尺子

经过复习，将学生已有的知识结构呈现出来：一个点在一维空间中运动可得到一条线，在二维空间中运动即可得到面，线和面的认知结构是一样的，不同的是线比长短，面比大小。

环节三：新授，整理长方形、正方形的面积认识

观察展现由线到面的发展过程，指导学生观察思考，线可以围成规则的图形和不规则的图形。要求学生思考：图形比线更复杂的是什么？经讨论，得出结论：

① 图形边上的线的总长是周长。
② 图形由线围成的空间就是一个面，面的大小叫面积。

再讨论：面的比较该如何进行？

① 面的比较主要是大小的比较。
② 面的大小需要度量。
③ 常用的度量单位是平方厘米、平方分米、平方米。

讨论：面的度量工具是什么？

① 提供如下辅助材料，供学生练习并思考：

① 指浙教版小学《数学》第七册。

长方形的面积是（　　　）平方厘米

长方形的面积是（　　　）平方厘米

长方形的面积是（　　　）平方厘米

长方形的面积是（　　　）平方厘米

② 结论：面积的度量工具还是尺子，但必须经过计算。

然后，边讨论边整理，形成如下板书：

长度	线	长短	常用单位	度量	工具
			cm、dm	m	尺子

面积	图形	大小	常用单位	度量	工具
			cm²、dm²	m²	尺子+计算

这一设计的整个意图是，通过预习，让学生们了解面积的概念与面积单位；通过复习，让学生呈现了一个认知结构，均属于学生的"先期学习"。本环节的作用在于将学生先期学习的关于面积的有关知识，通过已有的认知结构，整理为有序的知识结构，从而达到理解。

你说这两个设计有什么不同？

【访】第一个设计有情境，有探究，应该比较符合新课改的教学理念；第二个设计好像比较传统。

【俞】从表面形式上看好像是这样。其实这两种设计的教学效果非常不同。第一个设计的过程是一个封闭的学习过程，学生的已有学习会成为教学进程的干扰，比如，老师问："如何比较两个图形的大小？"学生最好是先回答："重叠，相差部分剪下来再重叠。"然后，老师问："这样是不是太烦琐了，有更简单的吗？"此时学生最好都睁着疑惑的眼睛，然后，老师说："让我们来学习新知识吧！"但如果有个"不识相"的学生一开始就说："可以求面积。"那么，这个情境的作用就大打折扣了，老师上起来就没有那么开心了。（哈哈）

再看设计二，它并没有去创设情境，却安排了预习、复习，课堂学习的主要任务是将学生的"先期学习"在讨论中整理，使之系统化，因此，这一设计框架具有较好的开放性。同时，当学生面对着黑板上整理而成的板书时，也许很自然地会设想：如果几个面围起来，会是什么呢？它们的度量单位呢？度量工具呢？从而学会一种思考方法。

从学生的角度来说，如果面对着"设计一"的课堂学习，就要使自己努力跟着老师，不去打乱老师组织的进程。如果面对的是"设计二"的课堂学习，他只要将自己已有的知识纳入一个框架之中，形成一个知识系统就可以了，以便能够用这个框架去容纳、生成丰富的知识。

【访】听您这么一说，好像第二个教学设计的教学质量要比第一个高。

【俞】是的。我的准备课就是第二种设计。还有从学生班级群体这个层面，这样的准备课有利于将学生的学习准备状况调整到大致相近的水平上来，这样，有助于学生在相同的时间里获得相近的学习成果，从而不断缩小学生之间的学习差距。

数学学习从源头上来说，最初的学科学习是建筑于学生的生活经验之上的。由于各个学生的生活环境与生活条件不同，因此，学生在生活中所积累的经验是不同的；又由于学生的悟性各有差别，学生在经验中所悟得的可用于认知迁移的结构性知识也是不同的。

我曾经在四年级做过一个很有意思的调查。那时学生要学平均数应用题，我就想调查一下学生的知识准备怎样。我给学生一个问题："小明所在的班级平均身高132厘米，小玲所在的班级平均身高135厘米，小玲当然比小明高。你认为对吗？"

结果统计发现，54位学生中有38位学生明确认为是错的，有10位学生认为可能是错的，有4位学生认为是对的。

我就叫了两位学生代表发言。一个是回答"不对"的，我问他："为什么你认为不对？"他说："小明班的平均身高是132厘米，并不等于说小明是132厘米，他可能有140厘米，也可能有120厘米。同样，小玲也是如此。因此，说小玲当然比小明高，肯定是不对的。"另外一个学生本来是回答"对"的，他说："我本来认为是对的，听了×××的发言，我现在认为他说的有道理。"

这个调查让我发现，至少在某一知识点的学习之前，学生对这一知识的了解，是不均衡的。准备课，通过提供一些生活化的材料，组织学生开展一些交流，可以让学生们比较容易地消除原来的不均衡，有助于他们在大致相同的起点上进行新知识的学习。

此外，学生的学习情绪也有差别。虽然这种差别不能完全消灭，但教师可以通过准备课对学生的情绪进行调节，让大多数学生都保持比较好的学习状态。

最后，从教师的教学层面来看，准备课也为教师的教学行为吻合于学生的学习水平提供了一套可操作的现实办法。

"回到源头去"是一条找到问题症结的好思路，是教师思考学生学习缺陷的有效视角。在现实教学中，在我们面对学生的学习困难时，我们习惯于让学生再重复几次，在学生重复几次还未明白时，通常归责于学生的智力因素，从而使本次学习困难又成为下次学习困难的原因之一。如果教师能及时地去思考学生完成某一特定学习任务的学习准备是否充分，教师就能够理性而非感性地认识学生的学习行为，而学生的学习困难也能够得到有效的缓和，有助于有续学习。

【访】您的准备课程都有哪些特征？

【俞】第一个就是辅助性。它不可能是主体课程，只是辅助性的，是为完成主体课程任务而设计的。第二，它很人本。它强调学生的状况，主要是从人的可接受性来思考问题，体现了教学对学生的人文，非常有人性。第三，它又是动态生成的，具有生成性。对学生的知识状况是不能确定的，必须在教学进行的过程中不断地、千方百计地去发现学生目前的学习状况，并适时进行调整。有很多环节和内容都是不能预设的，所以准备课具有明显的生成性。第四呢，我觉得它还是很有创造性的课程。因为不同学生的学习状况是不同的，这样的课程没有标准范式，是动态生成的，所以它的组织和实施依赖的是教师的综合素养和教育智慧。它的每一个环节都考验着教师对学生水平的判断力。教师如果不进行创造，准备课的效果肯定不理想。最后一个就是多样性。准备课有多种表现形式，有呈现为复习课的、有呈现为新授课中之复习环节的、有呈现为数学游戏的、有呈现为数学参观的、有呈现为针对某一经验而专门设计成课堂学习形态的，等等。

这又涉及准备课程的类型。我对准备课的类型也进行了一些研究和整理。

访谈手记

　　我们习惯于把人的可接受性视为事先就有的一个教育前提。这个前提似乎是静止在某个水平上的。教育只能从这里出发。

　　俞老师的准备课却让我们认识到原来人的可接受性是要培养的。现在的教学很强调经验的作用，但是实践却证明不了经验多的人就有可接受教育的能力。有时恰恰相反，人们积累的生活经验多了，反而成为进一步学习的障碍，影响着人的可接受教育的能力。

　　【访】 那您目前已经总结了多少种类型？

　　【俞】 小学数学准备课的类型有很多。因为分类标准不同，准备课就呈现不同的类型。比如按学生的学习材料分，就有经验类、语言类、思想类和教学方法类。

　　【访】 请您具体谈谈这些类型。

　　【俞】 所谓经验类，主要是指帮助学生积累更多的经验准备的课程。这样的课程是让学生有充分的感性认识，并在此基础上进行经验整理，使之调整到适宜于学习的状态上来。

　　数学新课程标准对小学生的学习方式提出明确要求，强调了"经历、体验、探究"，其中经历与体验都是基于经验的学习方式。对小学生而言，基于经验的学习是活的，不是死记硬背的，因此，经验十分重要。

　　就数学学习而言，有助于数学学习的经验包括：程序的经验：这种经验源自生活中的行动，比如分苹果，呈现一个先后的程序性的聚合与分散的过程，在这一过程中获取的经验成为学生理解加、减、乘、除运算方式的基础。情境的经验：学生对应用题的理解程度与学生对情境的熟悉水平具有相关性。如果某一问题的情境学生熟悉，学生就能够以一种亲切而有信心的情绪状态进行问题的思考；反之，学生就会如同进入一个陌生地带，以一种略带紧张的情绪状态进行思考，就会影响思考的质量。关系的经验：能否在数与数、量与量之间建立正确的关系，是影响小学生数学学习质量的一个重要因素，这种建立关系的能力取决于小学生对关系的经验。比如学生的购物经验，能够使他们比较容易地建立起单价与数量的相乘关系。空间的经验：以从上下、左右、前后、内外开始建立起来的方位经验为基础，学生在空间方面所获得的经验对学生的形体知识的理解，具有十分重要的意义。其他的相关经验：比如度量，比如对声音的感受，等等。

✒ 访谈手记

且不说俞老师对数学学习经验的分类有无道理，只就他能有意识地对它进行分类而言，就比一般人从经验直接到要掌握的知识的做法高明了许多。

是否在课堂上组织提供经验的活动并不是一个必需的、很关键的问题，必需的、最关键的是要帮助学生整理经验，使其达到进一步学习所要求的状态。

语言类的准备课程主要帮助学生体会数学语言与生活语言的差别，学会用数学语言进行思考，并试着用数学语言进行表达。在小学数学中，学生经历的数学语言方式主要包括：图形符号表示的数学语言，比如各种动物图案、点线面图案等；数字符号表示的数学语言；字母符号表示的数学语言；关系式表示的数学语言等。

思想类的准备课程是帮助学生认识数学思想的准备课，比如一一对应，比如守衡互逆等。这类课的目的就是让学生的数学思想达到学习新知识所需要的成熟度。

学习方法类的准备课主要向学生宣讲一些关于学习方法的知识，培养一些习惯，对学习心理形成初步的认识，形成学生的认知能力。

【访】还有其他的分类方法吗？

【俞】当然有了。如果从教师材料的组织来分类，准备课程又可以分为：

第一种：新课程教材提供的再创型准备课程。

新课程理念下的新教材已经有许多用于学习准备的材料，这些材料需要教师进行合理的再创造，实现其关于学习准备的意义。比如，我们以人教版小学数学课标教材为例，来看看教材提供的用于学习准备的材料。

册　次	内　　容	学习准备的意义
第一册 （一上）	数一数	对应思想
	比一比	对应思想、数学语言
	认识物体和图形	积累形体经验
	分类	思维方法
	认识钟表	整理时间认读的经验、方法
第二册 （一下）	位置	对应思想、函变思想
	图形拼组	空间组合、图形割补
	找规律	思维要素的培养
第三册 （二上）	观察物体	换位思考 去自我中心的培养
	数学广角	经历数学问题的抽象过程
第四册 （二下）	平移与旋转	感受运动方式
	剪一剪	对称性的感受
	有多重	估计的经验
	找规律	思维要素

翻阅以上教材，我们感到欣慰。新教材与旧教材相比，有了许多具有准备意义的内容，这些内容是教师着手研究学习准备的好材料。我曾以"时间"为主题对新旧教材进行过比较分析，我发现：

浙教版小学数学教材关于时间的内容安排在三年级上册（第五册），以"时、分、秒的认识"为课题，从认识钟面，到时、分、秒的进率，安排了两个课时。

在人教版新教材中，关于时间的认识，预先分别安排了一年级（上）"认识钟表"和一年级（下）"认识时间"两个准备性材料，这两个材料均处于生活经验层面，目的是将模糊的自觉性经验凸显为公共性的经验，为进一步学习时、分、秒做好准备。

我觉得，这种编排意图对于学生的学习意义是十分重大的。因此，教师应该把这些材料使用好，使其真正实现其准备意义。

第二种：教师根据学生实际原创性的准备课程。

学习是一种共性行为，同时也是个性行为，学习过程中出现的随机问题，也需要教师解决，这就要求教师本人进行原创性的课程开发，可以依据前面论述的不同分类进行相应的开发。

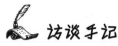 **访谈手记**

　　现在流行的教学理念强调教学目标的动态生成，教学上不要求有一个既统一又明确的目的和任务，基本上就是学生能学到什么程度就是什么程度。这样做的结果是强迫性倒是没有了，但教学的质量也下降了。和流行的教学理念很不同的是，俞老师的教学是有既统一又明确的目标和任务的。为了让所有的学生都达成这个目标，完成这个任务，在俞老师看来，起点相当是一个前提条件。

　　事实上，学生的起点是有差异的。很多时候，我们就是从差异出发，也是以差异终结。俞老师则不同。他首先要弄清差异何在，然后通过准备课，尽量消除这种差异，让学生基本达到起点相当。新的教学任务就在学生的起点水平相当的基础上实施，最终达成的目标也基本上一致。

　　俞老师的准备课是让起点低的学生也有条件达到最基本的教学目标，而不是降低目标要求以迎合学生现在的发展水平。因此，这种教学对学生的发展有很明显的促进作用。

　　此外，还有更深的教学理论问题隐藏在俞老师的准备课里，比如学生的生活经验、教学情境和科学认识之间的关系问题。这些问题一直都是理论上有待深入研究的重大问题。

　　总之，俞老师的准备课的研究价值怎么强调都不过分。

◎ 数学学习障碍的研究：原因来自教师

　　【俞】我们老师的生命是一节课一节课地连成的。人三分之一的时间在睡觉，另三分之一的时间是在干杂事，无所谓高兴也无所谓不高兴，还有三分之一的时间在工作，所以，这工作的质量才是最关键的。

　　我们的工作是一节课一节课连起来的，如果一节课一节课地高兴了，生活的质量也就很高。现在的工资让我们吃吃饭是没有问题的，如果不买房子也不买很好的车也差不多了。你只要过得开心就行了。我经常想，当校长呢，也好也不好。而当一个好老师是最有价值的，简单不烦，整天面对小朋友。现在小朋友作业做不了，我一般都说："你不要着急，你拿起笔把你想的过程写下来。"这么一路下来，我就会想他的结点在哪里。结点找到了，我就会很有意思地告诉他。

我很喜欢做的事情是什么呢？接下去校长不当了，我就搞一个数学学习障碍研究工作室。我想帮助那些数学学习不得法的人，让他们得法起来。

学生呢，是分上中下的，大部分是中的，上的人是少部分，下的人也是少部分。其实一个优秀的老师，对那些有天赋的学生的影响是不大的，傻瓜来教他，他也能学会的嘛！无非有时候你点拨一下他会得快一些，这些人迟早都会的，他们是有天赋的。你只要不把他们搞坏就行了。对中的这部分人，一个优秀的老师就很有价值了。你点拨一下，他就上来了。我觉得真正智商很低的人是不多的。很多人被我们搞灰暗了，我们要把那些尘土掸掉。至少他会觉得学数学有乐趣，至少他不讨厌数学。他只要不讨厌数学我们就善莫大焉，功德无量了。

【访】所以您就想做一个数学学习障碍研究工作室？

【俞】是的，我觉得小学数学学习障碍是影响学生学业发展的重要原因之一，学习障碍的不断累积是学生最终逃避数学学习的主要原因所在。学习障碍的形成原因固然是多方面的，智力因素与非智力因素是否可涵盖形成学习障碍的全部原因？除去学生本身的智力因素与非智力因素之外，教师的教学因素是否会成为导致学生学习障碍的原因之一？所以，我选择了一个学习态度较好、智力状况一般、数学学习存在障碍较显著的学生作个案研究。这个研究很有意思。

我选的这个个案是我的一个学生，是个五年制五年级的小女孩。她学习态度很好，对人友善，尊敬老师，家庭环境也不错，爸爸妈妈也很关心她的学习，智力活动表现就很一般了，上课回答问题，有时表现很出色，数学学习成绩不太好，作业速度也慢。

有次，我给她出了一个题目：一辆东风 21 型拖拉机 5 小时耕地 4.8 公顷，求拖拉机每小时耕地多少公顷？

我想了解一下她的知识背景，我说："你把这题目解出来。"她待了好一会儿，没说话。我说："别怕，你想怎样做就怎样做。"然后她就列式子了。她列了一个 21÷5÷4.8。我问她："你为什么这样做，说说理由好吗？"她又呆了一下，换了一个算式：21×5+4.8。她觉得第一次用除用错了，就换了乘法和加法。我给她说："你别着急，想清楚了再做。"她就又换一个，好，列了一个21÷4.8×5。嗨，肯定是那个21干扰她了。我就把题目改了一下，问她：一辆拖拉机5小时耕地4.8公顷，求拖拉机每小时耕地多少公顷？不是21型了，就是一辆拖拉机，应该没问题了吧？我问她："这题会做吗？"她说："会做，除起来就行了。""那怎么除？"我问。她就又列算式：5÷4.8……这个孩子，你一说错她就改，把除法改成乘法，把乘法改成加法，不管怎么改，她都说不出原因来。

我就分析她的状况，我觉得她对自己是否能正确解答这道题目毫无把握。有时列了一个正确的算式，只要老师多问几句，她就会改成另一个算式。用她自己的话说，是否做对是靠运气的。她父母也反映，她列算式就像猜谜语，一个不行再来一个。结果呢，她就乱猜。综合上述信息我就推断，这个学生的学习障碍源自"数学化"障碍。在她解题的过程中，缺少一个数学化的基本过程，不能把一些生活语言转化成数学语言进行思维加工与判断。

比如，会做的学生看到这个题目，马上就能确定：5小时和4.8公顷是生活语言，而工作时间和工作总量是数学语言。这样，决不会出现5+4.8之类的错误了，因为时间和总量的语言格式不是相加的。

通过这个案例，我提出一个假设："数学化"障碍表现为不能把生活语言转化成数学语言，从而导致学生不能用数学的方法解决实际问题。学生数学语言的缺乏是一个主要原因。因此，只要我们帮助学生建立了数学语言系统，学生的解题障碍也就不存在了。也就是说，如果这个学生建立了良好的数学语言，解题就不会如此困难。

根据这一假设，我就针对这个孩子的情况制定了一个研究计划。

我选择了五年级的分数应用题来训练她的数学语言，因为五年级的分数应用题是一个相对独立的环节。它的基本数学语言单位为：单位"1"的量，对应分率，对应量；其基本数学思想是分率与量之间的对应；基本语言格式为：单位"1"的量×对应分率＝对应量。

具体操作步骤是：

首先建立数学语言。

第一步：判断单位"1"的量。

以集体授课为形式，把计划事先告诉全体学生，要求学生们一起配合，直至每一位学生均能熟练判断，暗中留意这个学生的掌握情况。

第二步：把分数应用题中的"关系句"转化为"线段图"，过程要求基本如第一步。

第三步：根据线段图找出所有对应关系。在线段图中，"对应"比较好理解。

第四步：根据基本语言格式组织成数量关系式。

第五步：把第一步至第四步统合起来，达到熟练。

通过强化训练，学生们基本能熟练达到这样一些要求，比如我出示："男生比女生少1/3"，要求学生完成：

单位"1"的量 ⟷ 女生人数

1/3 ⟷ 男生比女生少的人数

1−1/3 ⟷ 男生人数

女生人数×1/3＝男生比女生少的人数

女生人数×（1−1/3）＝男生人数（关系式）

通过提问、练习，观察发现，这个学生对这部分数学语言要素与格式已熟练掌握，说明她的智力能够完成一般学生完成的学业要求。

接着就是解题模式的建立。通过实践观察，她也能达到一般要求。

好，下面我就给她一个题目让她做。

这次我出示的题目是：有男生25人，比女生多1/5，女生有几人？

然后，她列式：25+1/5。（呵呵）我问她："你为什么这样做？"她又列式：25×（1+1/5）。我说："按我们的解题模式，把第一步写出来。"直到最后，她才列出：（1+1/5）× x＝25。

【访】哈哈，看来问题并没有得到彻底解决。

【俞】是啊，怎么回事呢？这个学生在学了本学习内容之后，已具备了"数学化"所必须的数学语言及其格式与操作模式，为什么解题的时候，还会错误不断呢？可是，如果老师要求她按部就班地完成所有步骤，并在一旁监督，她又能正确地把题目解答出来。看来，数学语言的缺乏只是形成她学习障碍原因中的一部分。事实上，她已建立了分数应用题所相应的数学语言，然而在解题实践中却依然错误不断，原因究竟在哪里呢？

我就继续研究。我问她："你有没有按照正确的方法来思考这些题目？""没有。"她说。"你掌握了正确的方法，却又为什么不用呢？"她回答："我想这样大概是对的。""你凭什么这样想？""因为前面是这样的。"

根据她的回答，我判断她的解题不是基于"数学化的思考过程"，而是基于"类似的感觉"（"大概是对的"，可以认为她在套用似曾相识的题目算式），或是基于老师讲的例题的算式（老师讲的是啥样，做练习时套上去就好了）。因此，这个学生学习障碍形成的深层原因应该是：她不是用思考在学习，而是用"经验"在学习。

【访】这个孩子的情况很有代表性，她给我们提出了很多值得思考的问题。

【俞】所以，后来我对这个案例进行反思，得出了这样一些认识。

首先，这个女孩代表了这样一类具有数学学习障碍的学生：他们文静，内向，悟性不高，智力一般，有良好的学习愿望，却喜欢减少一些思考的过程以省点力气。从教学实践来看，一个班中学业中等或中等偏下的学生普遍带有这个女孩的特征。因此，研究这个小朋友的学习障碍具有现实意义。

其次，从她的解题过程看，她在解题过程中基本上是由题目直接到算式，而在读题与列算式这一过程中的整个数学化的分析过程则被简化甚至省略。数学化过程的不断被简化和省略则导致了数学语言的陌生和分析能力的缺乏，久而久之成为学习障碍中的主要问题。

最后，该学生之所以在学习中习惯于从题目直接跃进至算式，而省略最为关键的数学化过程，其原因是可以从前面的算式大致推断出后面的算式，这正是她自以为对的学习方法。既然后面的算式可以不用思考而可以轻易地套用前面的格式，学生何必舍简求繁呢？

【访】这跟她的思维品质可能有些关系。

【俞】我也对我的教学方法进行了反思。

从该学生的学习障碍来看，形成学习障碍的原因固然有其自己的不足，但是，从更深一层的角度思考，教师教学的程式化是该学生形成学习障碍最主要的原因之一。

考察小学数学教材，其内容编排基本上是一道例题配几道练习题，如果例题是 $a \times (b+c)$，那么，后面几道练习题也一定是这样列式，这种规律是每一位学生都能感受到的。然后，他们便能依样画葫芦，从而把数学学习简单化。这样简单化的数学学习一旦进入综合练习，学习障碍便凸显出来，成为影响学生发展的原因。

其次，教师教学处理能力的不足，以及在教学过程中本身对数学化过程的轻视，助长了学生数学学习的简单化，最终成为造成学生学习障碍的主要原因之一。

最后是关于教学对策的反思。针对该生的学习障碍，按照通常的做法，提高其学习成绩的有效办法便是"题海战术"，让她不断地做很多题目，记牢所有类型题目的列式格式，然后可以不断套用。这样，没有数学化的过程，依然可以考出好成绩。说到底，"题海战术"不是与该生的学习能力相适应，而是与我们课堂教学相适应的一种克服此类学习障碍的对策之一。但这种对策显然只会加快该生逃避数学学习的速度，因为，这样已把数学学死。

　　我觉得比较理想的策略是教师提高课堂教学的设计水平，对材料的例题与习题之间的过分紧密作出修改，教学重心向学生的数学化过程转移，重视学生数学语言的建立以及把生活语言转化成数学语言的过程，通过这一过程的凸显，把学生分析问题的过程作为目标加以指导，最终形成能力，把数学学活。

　　这一个案研究的意义在于：形成学生学习障碍原因的分析对象由学生向教师自身转移。教师必须思考教师本身成为学生学习障碍成因的极大可能性，一味地从学生身上找原因而忽视教师自身因素，对学生的学习是不公平的，无益于学生学业的健康发展。这个个案的研究，给我们教师提出了一个新的关于学生数学学习障碍成因分析的视角。

🖋 访谈手记

　　造成学生学习障碍的原因是多种多样的。人们经常从生理或心理方面去寻找造成学习障碍的原因，这样的研究是生理学的或心理学的，绝不是教育学的。只有俞老师这种从教师角度来寻找学生学习障碍的原因才是真正的教育学的视角。当然仅靠一个方面的研究是不能清除学生的学习障碍的，只有综合各种视角的研究成果，才有可能解决学生的学习障碍问题。

教育是什么?

第八章
俞老师的 "谬论"

在访谈过程中，俞老师还发表了很多极具个人色彩的观点。这些观点，在一些人看来或许是"奇谈怪论"。不管怎样，它们毕竟凝结着俞老师的个人智慧。同时我也相信，在某些方面，它确能给我们以触动，原来有些问题是可以这样去想的。所以，我把它们整理出来，帮助大家更好地理解俞老师这个人及其思想。

◎ 教育是什么

【俞】我写过一篇文章，《教育是什么》，我认为我这篇文章写得很好，但这篇文章发表不出来，永远都发表不出来的。

【访】为什么？

（俞老师拿过一张纸来，给我画了下面这个图。）

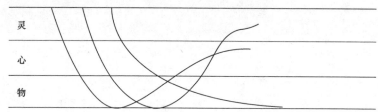

【俞】对于人类的学科分类，我们现在是分为自然科学和社会科学。我认为这个分类是错误的。人类的学科的分类应该是这样的：物的科学、心的科学和灵的科学。

物的科学是可度量的，可测量的。心的科学，可能就不能度量，比方说文学。我们通常所说的社会科学都是不可度量的，但可感受。比方说，我说："你真好。"你就感觉我在表扬你；我对你说一句恶言，你就感觉不好了，总之是"良言一句三冬暖，恶语伤人酷暑寒"。"灵"的科学很难感受，但它可以感悟。每一种科学都有它特有的特点和规律。比方说，艺术是什么科学，艺术就是跟"心"有关的科学。

【访】它也有物方面的研究啊，比方乐器。

【俞】它只是借助于物而已。它最终的表现还是在"心"这个层次上。我们把眼睛闭起来，听到的东西是在"心"这个层面上的。

教育是怎样的一门科学呢？教育是这么一门科学，它是跨越了"灵""心""物"三界的。它是有物的，比方我教你制作，这是物的，所以说，教育有时候是可以度量的，因此，有很多科学方法来度量。有时又是不可度量的，比如你如果完全用打分的方法来评价一个老师肯定是错误的。为什么？因为这不符合教育科学这门科学的本质。

我们再来看看人的发展。我觉得这个模型建立起来是可以解决很多问题的。

　　人生下来是属于"灵"的，人的成长轨迹是这样的（俞老师继续画，如上图）。人的成长有三种轨迹。一种是从"灵"到"心"到"物"，就停在"物"这个层次上了。一种是从"灵"开始，然后是"心"到"物"再升到"心"。第三种呢，也是从"灵"开始，到"心"到"物"再到"心"到"灵"。人呢，都是从"灵"开始的，这个时候是没有"物"的。刚出生的时候，你给婴儿小红花有用吗？没用的。到小学读书的时候，你就可以用小红花骗他了。你可以用小红花起到鼓励他好好学习的作用。到初中的时候，你再给他小红花，他就会说你幼稚了。到这个时候呢，他就需要一些物质的东西了，比如一些比较实惠的奖励。人呢，从那时起，渐渐变得物质了。在这个时候，精神鼓励什么的还是需要的，但是纯粹这个东西就不行了。

　　再接下去，发展到一定年龄的时候，人开始分化了。前面部分，大家基本上都是这样一个发展轨迹，即从"灵"到"心"到"物"，了解这个发展轨迹对我们教育是有帮助的。然后呢，就有分化了。利是"物"，名是"心"。一种人就始终在"物"的层次上发展，追求实利。这种人的日子会过得很有成就感的，因为，实利是实实在在的。但在他不断地收利的过程中，他又会变得很沉重，都是被利的追求逼迫的。当然，他自己会过得有滋有味。也有的人开始往"心"这个地方走。他有了钱之后把钱扔掉换成名，他求名重于求利。还有种人呢，他淡化了"物"淡化了"名"，他跳上去了，名也不要了，利也不要了，在这个层面上追求，这个就是佛教里讲的"皈依"。因此，人年纪大的时候是有区别的，分布在这三个层面上。年纪小的时候呢，都是从"灵"这里来的。

　　这跟教育又有什么关系呢？因为教育跨了这三界。你说我们怎么来设计教育呢？"灵"这个层面要不要？"物"这个层面要不要？"心"这个层面要不要？

　　心是虚的，灵是空的，物是实的，所以讲"虚心""空灵""实物"。我们的教育是要提升人的，怎么提升呢？我认为，要保持"物"的一定的量，将人提升到"灵"的层面上。人到了"灵"的层面上，他就不会做钱的奴隶，钱反而成了他的奴隶。人站得高了，是你支配钱，而不是钱支配你了。

　　人到了一定年龄，就要向孩子学习，要回归婴儿，要有赤子之心。因为我们都是从婴儿来的嘛，所以要回到那里去。那时，他就很自由了。视名利如粪土，只有婴儿能够做得到，成人是做不到的。如果经过教育我们又能视钱财如粪土了，那就淡定了。

教育是大一统的。它可以是物的教育，也可以是心的教育，也可以是灵的教育。每个人处的层面是不一样的。既然不同的人有不同的层面，教育也就有不同的层面。有时我跟你讲，你是个什么样的人，强调的无非是分量重的那一部分。

我们讲管理呢，首先要认识人。比如我们现在管理着五个人，对这几个人，现在开始定位。如果甲是在"物"这个层次上的，你不要跟这样的人谈荣誉，你就给他钱，你就给他讲干这个活有多少钱，其他的什么也不讲，他是很高兴的。如果乙是在"心"这个层次上，好，这个人你要表扬表扬他，钱也是要给一点的。丙呢，是介于"心"和"灵"之间的，钱可以少给一点，基本工资有保障了就行了，要多表扬他。还有一个人，就是丁这个人，他最注重人与人之间的相互欣赏，这是那种"士为知己者死"的人。这个人如果谈恋爱就是纯精神恋爱者。这种人只要跟你合得来就可以了。对丁这种人的管理就要注重和他的思想交流。

【访】这种人生活中可能很少。

【俞】是的，很少，很少。大部分人是这样的，就是名利都要的那部分。我在认识人的时候，经常用这个模型来定位"他是个什么样的人"。最好领导的是那种只要钱的人，最省力气。那种很在乎荣誉的人也很好领导，给他荣誉他就高兴坏了。最后一种人是最难领导的。一般的校长是很难领导这种人的。

我觉得这个模型对我的管理很有好处。弄清楚他是什么样的人，你就知道用什么样的方式来管理他。

小学、中学，包括大学里都有什么量化考核，这个考核是对的，但又是错的。按照我的量表，它只考核了教师的三分之一，有三分之二的部分，它没有考核到的。你怎么以此来决定一个老师的质量呢？对不对？你这样的决定是否科学？可是呢，因为我们对教育的本质的认识有问题，谁都认为有缺陷，但是谁也不知道为什么缺陷，因此还是量化考核，这样就搞坏了，老师比较痛苦。你用工业管理的理论来管老师，这是错位的，最多用一半。现在的管理弄得老师们很别扭。

我觉得教育职业真是一个很别扭的行当。因为它本身的理论没有成熟起来，教育管理理论几乎全部来自工业管理理论，这是很不负责任的。自己搞不出来，就把人当机器来管理，又要大家以人为本，这肯定是不行的。

现在要我去建立一个理论是不可能的，没这个条件，也没有这个思维容量。但是我可以把这个感觉表达出来。

【访】可不可以说，这就是您管理学校的思想基础？

【俞】你可以这么理解。

◎ 人的积极性从哪里来

【访】人都是往高处走的。您能坚守教师岗位，是否跟您淡泊名利有关？

【俞】人哪，都是喜欢名和利的。对功利呢，有时我也不是很淡泊。

【访】可我觉得您对教育问题的思考并没有什么功利色彩。思考教育问题是不是您的一个爱好？

【俞】嗯，自得其乐吧。因为我是这样认识的，人对工作是要有积极性的，人的积极性是从哪里来的呢？我现在在研究这个问题，很想把这个东西整理出来。

（俞老师拿过一张纸，又给我画了一个图。他先画了一个圈。）

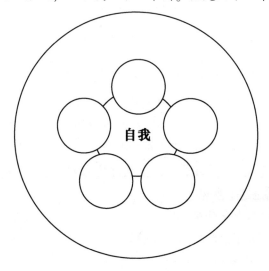

这是一个人，是一个圈。这是自我的圈。作为老师，他和学生又有一个互动圈。学生伤我们的心，就会打击我们的积极性；学生很乖，鼓励我们了，我们就很有积极性。和家长互动形成一个激励圈。家长支持你，家长投诉你，或家长跟你吵，都会影响你工作的积极性。第三个圈是同事圈。如果你处在一个都比较爱好工作的同事圈里边，你的积极性会大起来。如果周围人都是炒炒股票、混混饭，在这个圈子里你的工作积极性肯定会受打击。第四个圈是跟家人形成的。比如你的爱人鼓励你，你的爱人不支持你，都会影响你的工作积极性。再一个圈就是领导圈。这五个圈都因为互动而影响到人的积极性。

哦，还有一个圈，就是天地圈。这个就是我们的政府，我们的国家，大环境，我们生活在其中。我觉得，影响我们工作积极性的第一类圈子是互动型的圈子，第二类是浸在其中的，属浸润型的。你看看，这前五个圈是一类，这个圈是一类。对这个圈子（即浸润型的），我们无能为力，因为我们无法左右大环境。比方说以前当老师的都喜欢辞职下海，这是大环境，谁都改变不了。对这几个圈子（即互动型的那五个）我们要先付出，至于有否回报谁也不知道。你说，你对领导好，领导一定对你好吗？你对学生好，学生一定对你好吗？学生对你的好往往是滞后的，也许一年后，也许若干年后。但不管怎样，你必须付出。对家长你也是必须付出，对同事你也是必须付出。别人没有义务对你好，你必须先付出，别人才有可能对你好。但是对一般人来说，要先付出又不知道能不能得到回报，往往是很难做到的，这就影响到人的积极性了。为什么很多人失望，工作积极性不高呢？就是他要求得到回报，但又舍不得付出。

人最重要的是哪个圈呢？我认为是自我圈。决定我们的生活和工作质量的就是这个圈。这个圈子的实质是信念。人是有信念才会有积极性的。什么叫信念呢？我理解，信念就是不管它有没有，先信了再说。可能是没有的，也可能是有的。比方说，你说有鬼吗？说不清楚。但我们信有鬼就好了或者信没鬼就好了。但是到底有没有鬼啊？不知道。这个基础是模糊的。但因为信了，就坚实了。在这个圈子里，自我评价和自我激励很重要。有个词叫"自得其乐"，就是这个意思。

【访】那您的信念是什么呢？

【俞】我这个圈（指自我圈）比较好。我始终不放弃我工作的每一分钟，这就是我的信念。只要我上课，我就要把它上好。为学生考虑，我就要把课上得让学生开心一点。这节课让学生不开心了，我下节课一定要补偿他。就这样一节课一节课地上好之后，接着一些东西就跟来了。我们很多人呢，没有这个信念，只是一味地要求别人，那当然是不行的。所以，这个自我的圈子很重要。我们改变自己，就是要改变自我圈。在所有的圈子里面，我们能自由控制的只有自我这个圈子。其他那些圈子由不得你控制的。所以，我觉得，要自己给自己积极性，不要等着领导给。要是等领导给，我老早就不是这个样子了，虽然我现在也不怎么样。

我发现，以前别人对你不好你会很难过，很难过。等有一天，从难过中"啪"地跳出来之后，突然回过头去看，也会很感谢那些曾经对你不好的人。就好比，你在爬山，爬呀爬呀，你很讨厌这座山。等到了山顶之后，"啪"地回过头来，很感谢这座山，真的很感谢。

◎ 学数学是不需要强迫的

【俞】你说为什么小朋友那么不喜欢数学？

【访】我曾经看过一个调查结果，好像说小朋友最不喜欢的是音乐课，最喜欢的是数学课呢。当时看到这个结论我很诧异。

【俞】这个调查的年龄段可能不对。我觉得应该一个年龄段一个年龄段地调查，比如一年级、三年级、五年级、七年级，分段去调查。小孩子学数学，主要是害怕。现在怕数学的小孩很多。我以前看到过一篇文章讲，很多数学学得好的学生也不喜欢数学。有一个高中段做的调查，调查的是参加奥林匹克竞赛的人，问他们喜欢数学吗？这些人中，喜欢数学的人占的比例也很低。

【访】根据您的经验，孩子大概从什么时候开始怕学数学呢？

【俞】一年级的小孩是不怕数学的，幼儿园的小朋友还喜欢考试呢。一般从三年级开始怕。音乐课为什么小孩不喜欢呢？小孩子真的很讨厌音乐课的，为什么呢？就是记五线谱真的很烦，学乐器很累。你看那么多琴童恨不得把自己的手指砍掉，多讨厌啊。有时跟学数学一样的，但是数学又不是这么绝对。

【访】难道学数学就不要强迫吗？

【俞】学数学是不需要强迫的。因为像语文一样，小朋友认为学数学是理所当然的，你只要不让他讨厌就行了。

数学和语文是普适的，没有一个小朋友离得开的，任何一个小朋友都自然而然地就会数数。鸟都会有数字的感觉，人内在的数学的东西自己会出来的。为什么苏格拉底讲精神助产术，因为自己内心有些东西会慢慢成熟起来。

所以我觉得，小孩子开始学数学，你不让他逃走就可以了。后来，怎么就慢慢地逃走了？他逃走的时候，你引导一下：进来吧，这里很好玩的。他也许就留住了。如果进来不好玩他又逃走了，他就不会再回来了。数学是一种工具。比方说，你说语文，说话，人人都要说的；你说要写一篇好文章，不是人人都会的；写诗更是要有天赋的。数学是普适的，人人都要的，你只要不让他逃走。那你说，像我们去拉小提琴，像我这种手肯定是不能去拉的。学数学呢，人人都可以的。学科跟学科不一样。

◎ 富润屋德润身

【访】您说的"富润屋德润身"是什么意思呢？

【俞】这主要是指老师的修养。我以前给老师们讲过一个讲座："是什么因素阻碍了教师的专业发展？"

作为一名教师，人一从师范出来是什么阻碍了他的专业发展呢，是基本功。基本功不好的，如果教学设计能力不错，也能成为好老师。一个人应该在教学设计自动化的时候再去讲教学生成。有一种老师，他可能也不懂什么教学设计，但他照样也可以做好老师，那是因为他人品很好，师德很高尚，所以，老师是要不断地修养的。

我那个讲座主要谈教师专业成长的四个阶段。

第一个阶段是基本功的训练。在这个阶段，上课上得好主要是因为基本功好，因为对教学没感觉，主要是靠模仿。

再慢慢有感觉了，不模仿了，就开始设计了。这就是第二个阶段。在这个阶段，课上得好，是因为教学设计得好。也许这节课，我们要设计一天，两天甚至一年，但到最后再设计这节课的时候是用不到那么多的时间的，教学设计已经自动化了。

现在很多老师上公开课都准备三四个预案，如果学生这样，他就这样，如果学生那样，他就用另一个预案。为什么要准备预案呢？因为他设计不会自动化。如果教学设计能自动化，就是学生怎么来你就怎么接招。所以，如果能够设计自动化了你就能生成了。如果你做了三个预案，学生出现第四种情况，你就又发呆了。

所以，教师的教学设计能力达到自动化的时候，就可以生成互动了。在这个阶段上好课的主要因素是设计能力。第三个阶段就是师生互动。

你的课要想再上一个台阶就要靠你的德了，靠教师的人品了。

【访】我觉得这也可以理解为是教学的四个境界。

【俞】当然可以。上到最后，这课也就是人了。人好，课才能上得好，跟美丽就没关系了，跟你的板书也没关系了，这就是最高境界。这就跟我们看书一样，第一个就是观点，再就是思维方式，感受他的气息。我记得孔子谈弹琴不也是四个境界嘛，人家说你弹得很好了，他说不好不好，我现在看到了山看到了水；人家又说，你弹得很好了，他说不行不行我现在模模糊糊地看见一个人；然后弹弹弹，人家说你弹得很好了，他说，是的，因为他看见了写歌的人正在干什么，那时候就直露心扉了，歌就不是歌而是人了。你看见歌就看见了人。其实课也是这样的。到最后，课品即人品，课就是人了。

有的人一辈子经历四个阶段，有的人一辈子经历三个阶段，有的人一辈子经历两个阶段，有的人也许一辈子就停留在基本功这个阶段。

【访】我理解，基本功不好的人，如果设计能力不错，似乎也可以突破第一个阶段达到第二个阶段。

【俞】是的，当教学达到更高一个层次的时候，原来的一些缺点甚至成为优点了，比如我形象可能不好，人家说像个小老头，但人家后来会说我很朴素。（哈哈）

【访】到互动阶段，教学基本上不怎么刻意了。和学生对话交流是很自然的。到师德阶段，教学就已经达到很高的境界了。

【俞】那就是返璞归真了呀，课就是他的人了嘛。所以，真正阻碍人发展的是教学设计能力。这一关必须过。如果不过这一关，你想获得专业发展是不可能的。有的人就是一辈子靠基本功。

这个教学设计能力呢，我的理解，也有三个层次。我给老师们讲了一个故事，就是：

第一种老师老是没东西上，怎么还不下课呢？设计呢只是模仿别人，但他每个环节不丰满。这个层次的老师会预先设计很多练习题目，还有时间吗？还有时间，再做三道题目。（哈哈）

第二种老师就是来不及上。他很会设计，设计得很丰满，怎么就下课了呢？我还有很多东西没有讲呢！所以真正上课上得开心的是第三个层次的老师。

从第一个层次到第二个层次是不断做加法，从空变成实。到实了以后呢就不断地做减法，把精的留下来，又变空了。变空了，就可以进行互动了。

【访】这个过程跟我们写文章有点类似哩。一开始是没话说，然后是想说的话特别多，啰里啰唆的，最后是突出重点，主次分明了，该说的就说，不该说的就不说了。

【俞】对，对。还有一个故事也能说明这个问题。这个故事是说，父亲临终前，叫来三个儿子，给他们每个人一个铜板，要他们去买满屋子的东西。第一个儿子回来，买的是一袋绒毛，然后他抖开来，绒毛就飘满了整个屋子。这就像第一个阶段，很空，要拼命填，才能把时间填满。第二个孩子呢，就买了很多稻草。填啊，填啊，父亲被逼得都没地方睡了，父亲很不高兴。这就像那第二个阶段，很实，但太满了，把人逼死了。等小儿子回来，他买了一根蜡烛，然后点亮，满屋子的灯光，很温暖。这就是第三个阶段，老师的思想就像灯光贯穿整个课堂，材料呢，就信手而取。

就像你说的，写文章也是这样的。第一个阶段是没东西写，第二个阶段想写，写了很多东西但不知道你想说什么，就是因为没光嘛。到第三个阶段，就有了思想，思想之光嘛。有了思想之光，那文章就好看了。

老师最喜欢这样的讲座了。就是当老师要求专业发展的时候，他很想有人能够告诉他："我在哪里。"有的人大学一毕业就问我："俞老师，你教教我怎么互动？"我就跟他讲这些道理。你不要忙着去追求互动，其实一节课里面基本功、教学设计、师生互动、教师的人品都是有的，跟中药一样。但在不同的发展阶段，会有一种因素上升为主要因素而成为你这个阶段的形态特征。就像我们哲学里讲的，社会充满了各种各样的矛盾，不同的社会时期不同的矛盾上升为主要矛盾。也就是说，不同的阶段有不同的发展方面。

【访】您是想告诉他，不到那个阶段，你追求互动也没用。

【俞】是的，不到教学设计这个阶段，你是互动不起来的，力不从心啊，功力没到嘛。这是我的认识，它不是理论。它能让老师们知道自己现在在哪个阶段，接下去往哪个阶段努力，这样心里就明白了，这就叫自知者明。自己知道要从哪个方面超越，这叫自胜者强。我觉得老师们很需要这个东西，明白自己在哪里。

比方说，有一次，我到一个海岛去作讲座，我不知道怎么走，然后，那个老师就打电话问我："你现在在哪里？"我说："我不知道在哪里。"他说："你那里看到很多山了没有？"我说："看到了。"他说："好，看到很多山的时候你就左手拐，然后一直往前走，大概15分钟你就到这里了。"我那天的讲座就把这个例子告诉了老师们，就说我不知道自己在哪里，不知道自己该怎么走的时候，这个老师怎么引导我的。他首先问我："你在哪里？"我说："我不知道。"他说："你那里看见很多山了没有？"好，就是说你让学生明白他在什么位置，找准起点，然后告诉他路在哪里。我们这个模型就是告诉年轻老师找准自己的位置。很多老师的困惑就在这个地方。我该怎么努力啊？所以，我把这个告诉老师。

◎ 关于"教学设计"的几点思考

【访】您认为怎样的教学设计是好的？

【俞】有一次，我出去上课，随机请了几位老师来回答这个问题。有的说，学生有收获，教师有成功感，达成学习目标，就应该是好的教学设计。有的说，有科学合理的目标，有开放的过程，采用框架式设计，而且设计周密（尽量多准备几种方案），这样的设计应该是好的。还有的说，设计要有思想，有猜测，要尽量简单，可随时更改，这样的设计才是好的。该老师还认为教学设计分比赛用的和平常用的两种。

第一种观点其实是每堂课都要争取达到的，是一个最基本的要求。第二种说法就显得更具体了，要求目标要科学合理，过程要开放，但后面两句好像有一点矛盾。第三种说法就更有意思了，你认为现实中真存在着比赛用的和平常用的教学设计吗？

我认为，在我们老师专业发展的道路上，对教学设计一般都会经历三个阶段：模仿、自主、他主。刚毕业的时候，我们设计教案一般还都靠去模仿一些专家的设计，去为我所用。经过一定时间的积累之后，逐渐形成了自己的一种风格，能独立地、创造性地设计教案，这就标志着你已经进入了第二阶段了。在这一阶段你已经去用心钻研了教材，精心去设计了各个环节，但往往对课堂中突发情况的驾驭能力还不够，于是为了应对各种情况，可能要设计多套方案。可问题是不可能做到每堂课都去这样精心设计，于是就有了教案有比赛用的和平常用的这种想法，其实这也是教师专业发展的一个过程，但要尽量缩短这个过程，进入到第三个阶段——他主。他主是指教案的设计应以学生为主，根据学生的需求能及时调控，灵活使用。那些专家、特级教师上课他们都没有一个固定的教学模式，能够随着教学过程的发展及时调整各个环节，能根据学生的不同反应及时加以引导，甚至他们拿不出一个具体的教学设计来，教学设计在他们的心里。他们真正能做到以学生为主，不再是为了单纯的设计而设计了。

怎样才能称得上是一堂好课？首先要求教师有良好的基本功，要有好的教学设计，课堂上应该形成师生互动，最后还要求教师有良好的师德修养。今天我们所讲的教学设计，它应该是朴素的、安静的、悠闲的、灵性的。

【访】您觉得一个好的教学设计，谁是最大受益者？是学生还是老师？

【俞】这是一个动力的问题。教师的人生经常会有一种悲剧色彩，比如，我们花了很多精力设计的教学设计，最后最大的受益者却是学生，是那帮臭小子们，这时心理就会产生不平衡，会有悲剧色彩。先把最大受益者确定为自己，为什么呢？不要去问为什么，有些人在碰到不开心的时候经常会说"上帝啊"，真有上帝吗？为什么要去问上帝呢？说了这句话不就是让自己心里舒服一些嘛。说了就说了，何必去问那么多为什么呢？把自己当做最大的受益者，觉得这样做有好处，有好处我们就去做，没好处我们就不去做，没有那么多为什么的。这就是"存而不论"，有些东西不要去讨论它。

【访】您认为影响教学设计的主要因素是什么？

【俞】是什么影响着教学设计？是"我"。任何事物都是放在一定的背景上的，所以要研究一个好的教学设计，还应从"我"的背景开始思考。

"我"的背景主要有三块：心态背景、知识背景、思考背景。心态上把自己当做最大的受益者，这样就会有动力；对于知识背景，我们首先是搞教育的，当然要知道教育的背景。而教育的对象是人，所以还要知道人的背景。最后我们是教数学的，还要知道关于数学的背景。因此，知识背景又可分三块：对教育的认识、对人的认识、对数学的认识。

对教育该怎样去认识呢？

关于"什么是教育"，有的说教育是科学，教育是艺术；也有的说教育既不是科学也不是艺术，那教育到底是什么？

我认为，科学分三类：一类是物的科学，一类是心的科学，一类是灵的科学。每类科学都有相应的理论，这个理论只能解决它相对应的问题，而不能解决其他的。人们最大的问题是错位，比如这个理论解决这个问题是好的、合理的，于是就把这套理论应用到其他方面，这就不适用了。物的科学是可测的，是摸得着的，它传授的是一种技术；心的科学也叫社会科学，是看不见的，但可感觉的，如语言，同一句话，通过不同的表达方式所传达的含义是完全不同的，它所传授的是德；灵的科学是不可测的，是空的。那我们的教育在哪里？教育就是包含这三个方面，涵盖了这三种科学。

明白了这个背景，我们在选择教学材料和教学手段时就可从三个方面入手：一是物的方面，如教具、学具等；二是教学语言、声音、讲解教态等各个方面；三是很多空的、不能用语言表达的方面。教学设计就要从这些方面入手，合理地选择，有效地应用，来提高教学效率。

我们又该怎样去认识"人"呢？

我们经常能听到这样两句话："没有教不好的学生，只有不会教的老师。""朽木不可雕也。"

你赞成哪种观点？为什么？我们为什么要去了解人的背景呢？因为我们是在做人的工作。教育是一门至深至浅的学问。说它浅，是指教育在一种物的层面上，随便一个人都可以去当老师，任何一个家长都理直气壮地教自己的孩子。说它深，任何一个搞教育的人到了最后都说：我不懂教育。

我们怎样看人，就决定我们的教学设计以什么来支撑。这两句话拿出来有什么好处呢，它能给我们一个好心情。第一句话对吗？是对的，但不能全信这句话，全信它，我们的心情就糟了。第二句话对吗？也对的，但问题是我们有没有能力判断他就是朽木啊？我说，某甲是朽木，某甲就是朽木吗？这个问题我们也做不到，所以我们也不能坚信。

这两句话其实是两个极端，第一句是完全为学生讲的，第二句是为老师讲的。在这两句话之间，我们可以这样来解释：在老师和学生之间还有投不投缘的问题。我教不好你，但我不伤害你，肯定会有人能教好你，你还没碰到你生命中的名师。这样想有什么好处？它能保证有一个好心情，不要去怪学生，也不要去怪自己。相信我是教不好你的，但你不是朽木，只是我们不投缘而已，这样我们就可以把我们上课的心情调整好了。心情好了，态度也就好起来了；态度好了，上课的气氛也就好了，这样什么也都好了。

还有一个问题是，人的学习是快乐的吗？要相信人生来就是学习的，也要相信人是不喜欢学习的。学习是一件很平常的事情，在痛苦中学习然后在收获中得到快乐。人有一个特点，大人容易记住不好的事情，小孩容易记住好的事情。每节课上得都很快乐是不可能的，比如10节课里面，也许有六七节是很一般的，两三节是训练他们的技能的，一两节课是令他们感到有意思的。然后，他们就会一直记着这一两节好玩的课，不停地回味，不停地讲。其实在他们还沉浸在快乐当中时，已经上过六七节很无聊的课了。

如果每节课都很有味，那有味也等同于没味了。就好比，让他们每天都处在阳光里，也就感受不到阳光的温暖了。或许让他们在黑暗里待两天，再出来看见阳光，就能体会到真正的快乐了。所以，要让学生享受各种各样的味道，这就是根据人的特点来指导教学设计。

第三个背景是对数学的认识。这其实是一种思维方式。

比如，"人民币的认识"这一课的教学设计，可以有这样两个方案。

方案一：

1. 谈话：小朋友，你们用过人民币吗？

2. 指名上台介绍人民币，描述特征。

3. 买商品。

4. 小组购物。

5. 献爱心。

这个设计反映了一个通识的过程，语文课可以这样上，科学课也可以这样上，没有体现出数学的特色。

方案二：

1. 谈话：这些学具认识吗？——教学名称（人民币，认一认人民币，一般我们在教学时把这一环节就停留在会认的层面上，如果在会认的基础上再问：是怎样认的？归纳出认人民币的方法，这就是一次数学的提升）。

2. 为什么喜欢——让学生把想说的话先说完，同时了解学习起点。

3. 分类：人民币和人民币之间有什么不同？

4. 想象：20年后的人民币将会有些什么新的变化？

在分类环节，一般会出现这样几种分法：纸币和硬币，根据数值1、2、5分类，根据单位元、角、分来分。在这一环节中，也不要仅仅为了分类而分类，也要有数学的提升，如可以引导学生思考：为什么要分纸币和硬币呢？引导学生把数学与生活紧密联系。为什么只有1、2、5的数值，没有3、4、6的呢？让学生体会人民币数值的组合与应用，在大部分学生都明白一元等于十角的情况下，把探究进率改为验证定律，这就是一种数学的提升。这种设计就体现了数学的特色，有数学味。

总之，好的教学设计应该在你的心里，有你的背景，有你个人条件，有你的学生。为什么那些名师的教学设计，我们拿去用的时候往往不尽如人意呢？因为别人的背景和你的不同嘛。同样一句话，名师说出来，小孩子听了很舒服，你说出来小孩子可能就不舒服了。明白了这些背景，我们在教学设计时就会有方向，不会盲目地跟从了。

◎ 责任感比热爱更重要

【访】您为什么觉得"责任感比热爱更重要"？

【俞】很多人总是说"爱一行干一行"这句话，我就觉得它很没有说服力。如果我不爱怎么办？那我就不做了吗？爱是怎么来的呢？爱是慢慢地培养起来的呀。如果说一开始就爱当老师，我觉得那是自我标榜。我想，教师这种职业不是那种让人一见钟情的。比方说，爱它，但是它让你失望了，你还能爱它吗？这个时候就需要责任来支撑爱了。你说，对吧？所以，我觉得责任更重要，就像我们培养小朋友的兴趣一样。现在老师问学生："你喜欢做吗？"总是让小朋友做他喜欢的事情，废话，不可以的嘛！如果只让小朋友做自己喜欢的事情的话，他就不会干活了。人的天性是喜欢懒惰的。你要告诉他不喜欢的事情也要做，要告诉他克服困难，不断地干，努力地干，干一干，就干出味道来了，就喜欢了，也就是"干一行爱一行"。我们老师就是要陪小朋友度过这一段不讨人喜欢的时光。我们教师工作的意义就是陪伴小朋友走过这段人生。

◎ 教材既然可以改来改去的，那还管它干什么？

【访】请您谈谈对教材的看法。

【俞】我对教材一直没什么看法。最早的时候，我觉得教材怎么能改呢？觉得改教材是一件很过分的事情。到后来我才慢慢理解原来教材是可以改的。既然能改，那你还管它干什么呢？因为只要把知识系统掌握了，就行了嘛，教材随它改啦，你只要把知识这块抓住就好了。比方说，小数的加法，它可以这样变那样变，这个总是要上的。你也可以不按专家说的那样上嘛。所以，我对教材改革一点想法都没有。它无非告诉你知识的编排方式。那我就按这样的编排来上，也没关系的。

现在新课程里边有个东西和我的想法还是比较吻合的，就是准备课。比方说平移、旋转，以前是没有的，现在多起来了，就是让学生建立一种观念，就是数学变化的观念。我把它称做观念的学习，比如函变等，这种数学思想用一个东西来讲，我觉得是很好的，这点是进步了。对我个人来讲这个教材可以参考。对一部分老师来讲，他们很在乎教材。我发现很多老师不会解读教材。早些时候我也不会解读教材的，我是教了五六年之后才看懂教材的。

【访】有一些很优秀的教师，做到胸中有书的时候，就不怎么依赖教材了。

【俞】这是可能的。

◎ 知识的"库存"与"周转"

【访】您怎么看知识的学习问题？

【俞】我们打个比方，一个企业，如果其产品销不出去，就会成为"库存"。库存越多，企业的负担便越重。如果在库存严重的情况下，企业尚不进行市场调研、调整产品结构，那么，企业便会被大量库存的产品拖垮。所以，每一家成功的企业都会千方百计地让自己的产品最快地销出去，进入流通过程并实现增值。可见，产品的"库存"与"周转"决定了企业的衰败与兴旺。

我认为学生的知识也有个"库存"与"周转"的问题。有的学生善于把知识"周转"起来，用旧知识去理解新知识，把新知识纳入已有知识中，彼此之间不断整合，删去非本质的例题，留下本质的道理，这样，记忆的内容就少多了，学习自然是轻松多了。因此，学生的知识是否"库存"与"周转"决定了学生学习的发展水平。

只有让学生的知识"周转"起来，学习才不会成为学生成长的负担，也只有让学生的知识"周转"起来，学习才能成为学生成长的快乐之源。

所以，如何让学生的知识远离"库存"而"周转"起来，是我们每一位教师必须研究的问题。

首先，让学生的知识进入知识获取的"周转"过程中。这就要求教师在教学过程中对每一个新知识点认认真真地钻研透彻，从而对学生已有知识（或已有生活经验）与新知识之间的联系了然于胸，然后设法让学生发现这种联系。

其次，让学生的知识进入他们的精神生活，与学生的精神生活相"周转"。它表现为学生体会到由知识带来的精神享受,这种精神享受既来自学生由已知到新知的学习,也来自学生运用知识解决问题,更来自他们运用知识所从事的一些创新活动,进而由精神享受激发学生对知识获取具有更高的热情。这样,知识就成了学生精神生活的一部分,与他们的精神生活紧密地联系在一起。久而久之,关于知识的学习就会成为学生生命活动的一部分,乐此不疲。学生由此才能从知识堆积的怪圈中跳跃到主体发展的大道上来。

◎ 做个"善问"与"善待问"的老师

【访】有老师说,您上课总是很有耐心地等学生提问或回答问题,您不怕这样浪费时间,影响教学任务的完成吗?

【俞】《学记》中有这样一段话:"善问者如攻坚木,先其易者,后其节目,及其久也,相说以解。不善问者反此。善待问者如撞钟,叩之以小者则小鸣,叩之以大者则大鸣,待其从容,然后尽其声。不善待问者反此。此皆进学之道也。"这说明咱们中华民族的传统教育是很重视学生在学中问,在问中学的,并以此要求老师能够"善问"和"善待问"。

老师等待学生提出问题或回答问题是给学生的最大鼓励。首先它表明老师很信任学生,希望学生能提出问题,解答问题。其次是老师也很有信心。

"善问"是一种艺术,为学生树立了"问"的榜样。"善待问"是一种态度,是随时向学生开放答案的状态,为学生的"问"提供了可能。学生有了"问"的榜样,"问"的可能,才会有"问"的现实与能力。

现今课堂上举不胜举"是不是""对不对"之类的问题。想到有的语文老师想让学生说出"聚精会神"这个词便会问"聚什么",想到有许多老师经不住学生一问再问便称"烦死",这样的话,学生自然是不会"问"的了。

学生会问才会探索,会探索才会有创新。所以,做一个"善问"与"善待问"的老师,是社会、是时代对老师的基本要求。

◎ 发展自己：对教师专业发展的认识

【访】关于教师的专业发展，您有没有深入思考过？

【俞】我思考过这个问题。我觉得能否树立正确的教师专业发展观，是影响教师专业发展的首要问题。

【访】那您认为，对教师来说，什么样的专业发展观才是正确的呢？

【俞】我觉得至少应该包括这样几个方面。

首先，明确教师自身专业发展的主体，即谁对教师的专业发展负责。在这一方面，许多教师习惯于把学校作为自己专业发展的主体，等着学校向自己提要求，等着学校给自己提供进修的机会……这样，教师的专业发展就成了一个被动的等待过程。如果在等待中看到别的同事发展了，就以是否得到学校培养为全部理由，为自己的发展滞后寻找借口，并对他人的发展不以为然。事实上，如果学校成为主体，这个主体的作用仅仅是提供支持，教师专业发展的真正主体应该是教师自己。也就是说，一个教师的教学生涯是由两个问题组成的，即如何让学生发展得更加适宜，如何让自己的专业获得更好的发展。这两个问题是同一问题的两个方面，如同硬币的两个面。

教师成为自己专业发展的主体，就要求教师本人了解自己的优缺点，确立发展目标，找出目标与自身现有条件之间的距离，思考缩短这一距离的途径方法，并不折不扣地实施于行动。

其次，正确的专业发展观还要求教师正确认识教师个人素质在专业发展中的作用。教师的专业发展离不开教师的教育教学素质，但如果过分夸大素质的作用，就不利于教师的专业发展。在学校里，我们经常可以发现一些素质很好的教师，其专业发展却不甚了了，许多素质一般的教师却由于个人努力，获得了较出色的发展。因此在具备一般的教育教学素质之后，其努力的态度是十分重要的。

第三，教师的专业发展是动态的，是贯穿整个教学生涯的过程，而非静态的结果。现在有种用某项荣誉或某个成果来标志专业发展的倾向。有的教师年轻时候获得了"教坛新秀"的称号，之后的专业发展却不见进展；有的教师把专业发展视为取得某个职称，拿到了就高枕无忧……这些教师的专业发展往往是断断续续的，努力一阵子，松懈一阵子，发展一阵子，停滞一阵子，其本质就是把专业发展视为某种物化的结果，这是十分错误的。专业发展带给教师的是精神的满足，至于荣誉、职称，则是专业发展带来的副产品。这类副产品都会成为过去时，而教师的专业发展不会停止。哪怕成为专家教师了，依然可以在专家的层面上继续发展，现在的专家教师不一定是明天的专家教师。

最后，关于专业发展的价值取向是专业发展观的又一重要方面。不同的价值取向决定了追求专业发展的不同方法，产生不同的结果。举例来说，一个瓜农种了一片瓜地，他可以"催熟"新种的瓜，也可以慢慢地等待瓜的自然"成熟"。"催熟"与"成熟"的瓜表面上看来差不多，不同的是口感，只有自然成熟的瓜吃在嘴里，甜在心里。

现在，整个社会越来越重视教育，因此，地方上都会给专家水平的教师评个称号。在评称号的时候，主管部门往往会设定几个标准，比如在省级以上专业刊物发表两篇文章等，这自然是十分必要的。但一样的规则在不同的价值观的驱使下，就会有不同的表现。理想的表现当然是以学生发展为主，关心学生，研究学生，在取得教学实绩的同时，有了丰硕的科研成果，水到渠成，瓜熟蒂落，自然而然符合了主管部门设定的某类专家标准。他们的价值观缘于学生，服务于学生。另一种表现则以主管部门认定某类专家的标准为目标，通过各种办法达到要求，获得某类专家的称号。这两种不同价值观下的不同发展，对于学生的学业发展来说，其差别是巨大的。只有立足于学生，以学生的学习为起点，并回到学生学习的专业发展，才是有意义的专业发展。

◎ 成长小结："一个中心"和"两个基本点"

【俞】我这20年的工作和人生经历积累了"一个中心"和"两个基本点"。

【访】具体怎么说？

【俞】"一个中心"呢，就是我从教的座右铭，八个字，即"改变自己，影响学生"。这是我在杭州西博会名师论坛上的一个发言题目。我现在把它作为自己的座右铭。

作为教师不能老是让学生怎么变怎么变，自己也应该求变。其实进步就是变化。而且我们跟学生交流的时候，也要先改变自己，再去跟学生交流。教师要把自己的状态调整到和学生差不多的时候再跟学生讲，这样他才会接受你施加给他的改变。

我们从教育心理学来讲，就是里面一个结构跟外面一样你才能同化。你首先里面有一个图式，跟外边的结构相近你才能同化他或顺应他。为了让学生能接受我们，就必须不让他反感我们，不反感就是我们要跟他比较接近。那他才不反感我们，不对立。怎样才能不对立呢，我必须改变自己。你不能要求学生来适应你。这是我做班主任的经验。

【访】那"两个基本点"又指的是什么？

【俞】它指的是我在教学上的两个研究方向，也可以说是我的追求。我一生都追求这两个东西：一是让学生喜欢我的课；二是不让一个学生落后。这也是我一直都在努力的两个方向。

总之，作为一名教师，我总的信念就是"改变自己，影响学生"。作为一名小学数学教师，就是这两个追求：让学生喜欢我的课，让他们忘记吵；不让一个学生落后。

结　语
要怀着希望

对俞老师的访谈结束了。我还是不敢说自己有多么了解俞老师这个人。因为探测一个人的行为和内心是一件高深莫测的工作。我只能就事论事，就俞老师在教师和校长岗位上的所作所思，来认识他这个人。他还有自己的家庭，自己的父母，自己的朋友，有其他的社会生活。有时即便是对同一个人或同一件事，换个角度来看时，可能又是另一番面孔。这里所谈的也仅限于我个人对俞老师的观察。他幽默、坦诚、直率、睿智、博学、朴实、好思。他活得很平凡但不平淡。

我谨希望俞老师的成长历程能给那些同样平凡的人们送去一些希望。你要相信，勤奋好学的人必定有丰厚的精神回报。当你的人生之路走过一大半的时候，即便还没有华丽的衣装和奢华的盛宴，只要你不放弃读书，不放弃对高尚精神的追求，物质上的缺失一点都不影响你的生活质量。幸福的感觉不期而至，你的内心会很知足，很平和。我们都很平凡，但是只要心中有信念，有追求，我们的日子也可以不平淡。

因此，我们要怀着希望过每一天。我们的心中要有孩子，因为孩子是我们的未来，寄托着我们自己的希望。我们要对自己从事的教育工作负责，因为教育是国家的希望所在，民族的希望所在。我们要勇于改革，因为改革也是一种希望。

如果你还年轻，你更要满怀希望。未来的路还很长，有了希望，才不会在苦闷彷徨的时候踟蹰不前；有了希望，才能在日复一日的日子里去憧憬未来。

　　诗歌是最好的言志方式。我抄录了这样一首诗，和读这本书的朋友共勉。这是 1977 年诺贝尔文学奖获得者、西班牙当代最负盛名的诗人维森特·阿莱桑德雷·梅洛寄语年轻人的一首诗，这首诗写道：

你懂得生活吗？你懂，

你要它重复吗？你正在原地徘徊。

坐下，不要总是回首往事，要向前冲！

站起来，要挺起胸，这才是生活。

生活的道路啊，难道只有

额头的汗水，身上的荆棘，仆仆的风尘，

心中的苦痛，而没有爱情和早晨？

继续，继续攀登吧，咫尺即是顶峰。

呵，你还这么年轻，太年轻了，

真像初生的婴儿什么也不懂。

额头的两绺灰色头发中间，

闪烁着你那蓝色的眼睛，

活泼而且纯真，但像被什么蒙住了，显得那么懵懂。

嗨，别再犹豫了，站起来，挺起胸，岂能放弃希望？

拿起你那棵白蜡杆子，拄着它。

如果愿意，我的胳臂已经伸向你的身边，

嗯，你没有觉得吗？虽有长袍遮盖

这胳臂格外有力而镇定。

你没有觉得吗？你耳边有一种无声的语言，

它没有语调，可你一定听得见。

它随着风儿，随着清新的空气

掀动着你那褴褛的衣衫，

吹干了你汗淋淋的前额和双颊，

抹去了你脸上残存的泪斑。

在这黑夜即将来临的傍晚

它梳理着你的灰发那么耐心、舒缓。

挎起这皙白的胳臂吧，它与你似曾相识，

挺起胸膛去迎接朝霞的蓝天，

希望之光在地平线上已经冉冉升起。

迈开坚定的步伐，认定方向，信赖我的支持

迅猛地朝前追去……①

它的名字就叫《要怀着希望》。你可以不记住它的内容，但我希望你能记住它的名字：要怀着希望，在任何时候，对任何人，对任何事。

---

① 维森特·阿莱桑德雷·梅洛. 要怀着希望［M］. 陈光孚，译//耿建华. 诺贝尔文学奖获得者诗歌赏析. 广州：花城出版社，1991：108-110.

附　录
俞正强教学实践与思考

1. "分数准备课" 教学设计

材料: "半个" 和 "一半"

目的: 1. 了解学生在学习分数之前, 已经知道了多少关于分数的知识。

2. 通过课堂交流, 让全体学生形成关于分数学习的知识准备。

3. 探讨学习障碍的纾解途径。

过程:

材料	问题
半个 (半张)	1. 举个例子, 你什么时候用到过半个或半张的东西? 2. 请你拿出半个或半张的东西。
一半	1. 举个例子, 你什么时候会用 "一半" 来帮助自己的表达? 2. 举个例子, 说明 "一半" 有多少。 3. 口答, 一半是多少?
半个和一半	1. 半个和一半有什么不同? (小组讨论) 2. 以月饼为例, 是半个多还是一半多?
我比他多半个	我 ( ) 个 他 ( ) 个
我比他多一半	我 ( ) 个
两个 "半个" 是 ( ) 两个 "一半" 是 ( )	怎样填比较合适?

("分数准备课" 首次亮相是在浙江省温州市永嘉县的骨干教师研训班上, 时为 2002 年, 后多次开课)

2. "举一反三"（六年级数学复习课）教学设计

设计意图：

体验一种思维方式：通过一个触点，进行发散思维。

体验一种复习方法：以一个知识点为核心，以所学的全部数学知识为背景，整理出相关知识，尝试知识之间的融会贯通。

教学过程：

环节一：课前互动游戏

材料：吃饭

要求：不准说"吃饭"两个字，但让别人明白你说的是吃饭这回事。

意图：让学生初步体验发散性思维，建立模型。

环节二：数学语言融会贯通（陈述性知识的复习）

材料：1/2

要求：不准说"二分之一"，用别的数学语言让别人明白你说的是二分之一。

意图：运用课前互动游戏中建立的思维模型，用不同的数学语言表达同一个数值，起到复习数学知识的效果。

环节三：数学方法的融会贯通（程序性知识的复习）

材料：异分母分数加法

平行四边形面积推导公式

要求：讨论两份材料之间的共同点；

讨论，提供出类似的数学材料。

意图：通过讨论，体会数学学习中数形转化思想，并通过提供类似材料，达到对数学学习中数学方法的复习。

环节四：课堂学习小结

材料：板书

要求：你认为今天我们在学习什么。

意图：让学生在回顾本堂课的学习中，体会数学学习的乐趣。

（"举一反三" 2005 年首次亮相于杭州浙江教育学院组织的名师展示活动上，后多次开课）

3. 在计算讲评中培养学生的"错误观"

【认识背景】

分小数四则混合计算对于学生来说，会做容易，做对困难。学生面对自己的错误，经常想不通怎么会错在这么容易的地方，于是怪自己粗心。一旦把原因归结为粗心之后，学生就不再重视自己的错题，把它扔在一边。不论学生学业优劣如何，错题都是挥之不去的烦恼。在学校学习中，多数学生订正错题的动因是因为老师的压力。

这些现象，给教育者提供了一个思考空间：怎样让学生正确地看待自己的错题，养成科学的"订正习惯"，进而发展正确的错误观。基于以上认识，本人在实践中设计了一节"四则计算错题讲评课"，体会到学生真的很需要这样的教育，现整理如下，以求教同仁。

【教学过程】（六年制六年级分小数四则混合运算练习课）

环节一：呈现材料，收集信息

意图：了解学生的现有错误观，构建讨论平台。

过程：

1. 课前谈话

先让学生自我判断前一天的作业情况，再告诉学生实际对错情况，并以第一题为例，出示学生的错误样式。

a. $\frac{3}{4} \times 0.5 + 2.4 \div 1\frac{1}{5}$

$= \frac{3}{4} \times \frac{1}{2} + \frac{12}{5} \times \frac{2}{3}$

$= \frac{3}{8} + \frac{8}{5} = \frac{3}{5}$

b. $\frac{3}{4} \times 0.5 + 2.4 \div 1\frac{1}{5}$

$= 3\frac{3}{4} + 2$

$= 5\frac{3}{4}$

c. $\frac{3}{4} \times 0.5 + 2.4 \div 1\frac{1}{5}$

$= \frac{3}{4} \times \frac{2}{5} + 2\frac{2}{5} \div 1\frac{1}{5}$

$= \frac{3}{10} + 2 = 2\frac{3}{10}$

2. 课堂统计

问题：这些错误，对你来说，感到（　　　）。

讨厌 害怕 喜欢

（统计结果：共36名学生，表示讨厌36人、害怕11人、喜欢0人。）

环节二：解剖材料，寻找原因

意图：通过材料分析、认识错题对学习所具有的意义。

过程：

1. 认识错题

讨论一：我们为什么都讨厌错题呢？

讨论综述：受到批评，考试分数低，影响心情等。

讨论二：这种简单的四则混合运算，我们能保证自己不会做错吗？

讨论综述：错题是避免不了的。

讨论三：错题将伴随我们的整个学习过程，那么，错题难道真的一无是处吗？

讨论综述：可以告诉我们错误原因，帮助我们改正。

板书：告诉原因，帮助改正。

2. 原因分析

讨论一：（针对前面出示的材料）让我们一起来分析这些错题的错误原因。

讨论综述：

a. 原因一：乘号书写欠规范，加上形似约分样式，把乘法算成加法。

原因二：$1\frac{1}{5} \longrightarrow 1.2 \longrightarrow 1\frac{1}{2} \longrightarrow \frac{3}{2} \longrightarrow \frac{2}{3}$

b. 把0.5当做5参与计算。

c. $0.5 \longrightarrow \frac{2}{5}$ 化错。

讨论二：我们能否在我们讨论原因的基础上，对原因作些概括？

讨论综述（师生共同完成，并板书于错题下面）：

a. 书写不规范，引起误认。

b. 数字感知错误。

c. 常用分小数互化不够熟练精确。

环节三：讨论对策，改正错误

意图：在分析错误原因的基础上，培养学生审视学习状况、谋求进度的能力。

过程：

1. 分小组讨论：给这些错误的同学提一条你们小组认为最中肯的建议，并书写于演示板上。

讨论综述：9个小组基本上写了"一想二做三回头"这个经验，估计与老师的教有关。

2. 师生讨论

教师谈话：我发现我们同学的错误原因是各有不同，而同学们提的建议却千篇一律，这样妥当吗？

学生议论：（略）

教师谈话：我想你们提的建议比较适合粗心的同学。

学生议论：是的。

教师提问：可是，在同学们概括的原因中有"粗心"这一原因吗？

学生沉默：没有。

教师谈话：（要点）粗心不是数学的错误原因，我们要改正这种不正确的错误归因。

学生讨论：（略）

环节四：欣赏错题，寻求启发

意图：通过对错题的欣赏，改变学生对错题所持的态度。

过程：

1. 教师谈话：接下来，老师要求大家讨论一个问题，如果老师要求同学们从这三种错题中找出一个你喜欢的错题，你愿意选择哪一种？为什么？

学生讨论综述：b较好，因为它的过程比较简洁。

教师资料提供：$2.4 \div 1\frac{1}{5}$这一步，全班有19位同学化成分数做。

2. 教师谈话：与正确解题相比较，你认为错题有什么优点？

讨论综述：错题蕴涵有丰富多彩的信息。

环节五：课堂小结，形成认识

意图：通过小结，把本课时的体验提炼为认识。

1. 学生讨论：这节课你有什么新的认识？

学生讨论综述：

a. 错题其实是很有用的，可以告诉我们知识缺陷，启发我们有价值的思考，帮助我们少犯错误。

b. 错题不必害怕，虽然讨厌，其实也不讨厌。

c. 我们开始有点喜欢错题了。

2. 课堂统计：自认为对错题的态度有所改变的同学请举手。

全体学生都举手。

环节六：推而广之，形成错误观

意图：通过推而广之，把对错题的认识推广到对做错事的认识，帮助学生形成正确的错误观。

讨论：

1. 教师谈话：今天我们改变了自己对错题的认识，推而广之，这种对错题的认识能使你联想到什么？

学生讨论综述：不怕犯错，做了错事仔细推敲，吸取教训。

2. 教师谈话：我们不怕犯错，是不是意味着我们可以犯错？或者多犯错误？

学生讨论综述：要少犯错误，因为错误要付出代价。

3. 结论：珍惜错误，正视错误，少犯错误。

【教学反思】

对于学生来说，这是一节全新的课，因此，课堂气氛活泼而不失严肃，新奇而又十分熟悉。听课的教师们反响不错，有的老师说：听课是享受。有的老师说：这是一堂人生哲学课。有一位教育专家如此评价这堂课："老师和他的学生们，完成了一篇精彩的文章。"这些鼓励，给教师的反思提供了许多启示。

一、错题给错误观的培养带来契机

数学教学的三大核心问题是动力、方向和途径，其中动力、方向这两大问题均与教学目标有密切联系。为什么而教？在本课时中将学生导向何处是课堂教学的重要问题。回顾本课时教学，它的导向过程可以描述如下：

错题呈现──错题分析──订错应对──错题欣赏──推而广之……

这一过程的起点是学生学习中习以为常的错题，从错题的分析、订正到欣赏，学生对错题的认识，渐渐地离开了狭隘的知识性错误，对错误有了比错题本身更深刻的体验；再通过推而广之，让学生们的心灵跳出课堂，走进人生的感悟。通过讨论，"错误是不可避免的，错误是要付出代价的，珍视错误，少犯错误"成为课堂最终共识，从而使学生置于人生发展的层面。

从学生的角度来说，他们的体验是层层深入、步步递进的。从外在的数学计算错误，渐渐地接近人在发展中的两大问题──成功与失败，并且体会失败的不可避免，失败之于成功的重要，这种人生的本源体验激发起学生的探究动力，课堂中的活力也如小溪逐渐澎湃。

因此，教师在设计这节课的时候，目标是定于"计算的对错，以此培养学生的订正习惯"，还是定于"人生的失败与成功，以此培养学生的正确错误观（失败观）"，对于本课堂学生学习中所绽放的活力有着至关重要的作用。前一目标囿于计算、止于课堂订正，后一目标导向人的发展、止于成功的追求，活力便由此不同。

二、错误观的培养实现了错题资源的价值

教师是课程的最终实现者，教师与学生在课堂中所实现的现实课程应包括两个层面，第一层面是基于教学计划、教材所设定的材料，可预见地实施的；第二层面是教学计划、教师所没有设定的，是以教学过程中衍生的材料为基础，随机而有创造性地实施的。

因此，教师在课程实施中，第一层面是完成教材内容所指向的现实课程，尽可能地遵循知识的内在结构和学生的认知规律进行教学；第二层面是根据课程实施过程中所衍生材料与问题，结合学生主体发展的需要进行教学。对于教师来说，第一层面的课程现实是显性的，是基于教材内容而开发的；第二层面的课程现实是潜性的，是基于学生的主体发展而开发的。如果教师所实施的课程只停留于第一层面，那么，学生的数学学科体验是单薄的，是游离于人的发展的；如果教师所实施的课程深及第二层面，那么，学生所经历的学科课程则是深厚的、丰满的，与人的发展融为一体。

因此，作为教师，面对学生在学习过程中所衍生的许多教学计划之外的材料和问题时，不要仅从学科的角度，仅从知识掌握的角度去看待这些材料，而应从学生主体发展的角度出发，去认识、去发现这些材料对于主体发展的价值。因为这些材料是学生生命发展历程中的标记物，不论对与错，均记录着学生生命发展历程的某些特点。事实表明：学生对于来自衍生材料开发的教学设计具有更深刻的体验与学习活力。

回顾本课时的进程，从数学错题到原因分析到订正到欣赏，紧紧围绕着学生的三个错例展开，并在展开的过程中作了有深度的挖掘，充分实现了这一材料所具有的教学功能。同时，在挖掘的过程中渐渐展现了愈来愈浓郁的人文精神。

因此，这是一节具有人文精神的数学课，也是一节以数学材料为载体的思想品德课。

三、正确的错误观有助于学生的学业发展

就本课时而言，它所针对的问题是一个学生学习过程中十分通常的问题，即如何少发生计算错误，提高计算正确率。多数教师和学生对这一问题的解释通常是"太粗心，仔细点"，这种解释过于笼统，致使学生不知道到底该如何去掉粗心，有时候却越仔细、越容易出错。久而久之，学生对错题在无可奈何之下便靠所谓的"运气"了，连他自己也不知道自己到底做对没有。

事实上，这种困惑几乎是伴随着大多数学生的学业成长，也伴随着教师教学生涯的始终：学生明明会做，却要做错？

如果跳出课堂，从人的发展来说，所有的过错都可归因为故意与过失，而没有粗心。因此，粗心不是错题的原因，致使学生做错题目的很可能是感知、计算技能缺陷、书写习惯等有形的可表述可针对的原因，因此，错误的改正必须是有针对的，而不是笼统的"仔细"。

这样，学生的学业发展与人的发展就不再是游离，而是同一的了。学业发展的结构吻合于人的发展结构，学业发展就能获得生命的内在动力。

有人说：伟人之所以是伟人，是因为他能为十年后、百年后种一棵树。因此，一位好老师之所以能成为好老师，是因为他/她决不会为明天考几分而教学生，他/她会因为学生明天如何发展而教学生，也因此，人的发展就必然成为课堂教学的立足点，以此去焕发出课堂的生命活力。

4. 数学课中的"预设""预设生成"与"非预设生成"

"生成"是一个相对于"接受"的说法，"预设"是相对于"灌输"的一种行为准备，从教师灌输、学生接受到教师预设、师生生成，是教师教学行为方式转变的结果。"生成"是一个思考活动的过程，不是借学生之口说教师想说的话。

因此，教学的艺术有时可以简化为教师把握预设与生成的艺术，即如何在一节课中，通过"预设"去促进"生成"，通过"生成"完成"预设"的目标；在"预设"中体现教师的匠心，在"生成"中体现师生智慧互动的火花。

那么，一位数学教师，该如何来把握学习的"预设"与"生成"呢？

为了便于表达，我们把数学课堂中的师生学习分为"预设""预设生成"与"非预设生成"三类，举例来说。

在"简单分数加减法"这一课中，教师出示了一道题目：$1-\dfrac{2}{5}$，问学生该怎么做，这可视为预设。

教师组织学生讨论，说出各自的解法。一位学生说把 1 化为 $\dfrac{5}{5}$，理由是 $1=\dfrac{5}{5}$，这样就可以做了。这些学习内容可视为预设性生成，这些生成的内容使得教师的预设有了价值。

接着，有位学生很不满意地举手，在教师许可下说："1 不只是等于 $\dfrac{5}{5}$，如果我一定要化为 $\dfrac{6}{6}$、$\dfrac{7}{7}$ 怎么办？"这位学生以这种方式把异分母分数减法突兀地呈现在师生们面前。这些学习内容，按照教师预设，是学习结束后布置学生思考 $\left(\dfrac{1}{2}-\dfrac{1}{3}\right)$ 时再提出的。学生打乱了教师的预设，这样的生成材料可以视为非预设生成。

在一个完整的学习过程中，如果只有预设而没有生成，学生的主体性没有被重视，是一种灌输学习；如果有了预设，并在预设中有所生成，就说明师生间有了较好的互动，学生的主体性被重视，是一种有意义的接受学习；如果在预设、预设生成的基础上，又有了许多非预设的生成，那说明学生的学习积极性得到了充分发挥，他们在主动思考，这样的学习是有生命活力的学习。

我们想让我们的课堂学习富有生命活力，我们就必须去思考这样一些问题：我们该预设什么？如何使预设生成成为课堂主流？非预设生成需要怎样的课堂生态环境？等等。

一、预设

预设主要思考三个问题：第一是该学习内容的目标是什么，这为整个师生互动确定了方向，为材料的选择与推进提供了一个停止的地方；第二是学生学习这一内容是如何思考的，这为起始材料的选择与环节的梯度把握提供了依据；第三是该学习内容的内涵与外在的逻辑结构是怎样的，教师应该使知识结构接近于学生的认知结构。

根据以上思考，教师在考虑学习预设的时候，要在"粗"和"精"上下工夫："粗"的目的是各环节不宜过细过密，教学中出现的一问一答往往是"粗"的工夫下得不够；"精"的目的是材料选择具有较强的思考性。下面，我们以"动物学校"这一材料为例，来说明如何为学生的课堂学习做好"预设"。

教材材料：动物学校

（1）怎样才能做到既不遗漏，又不重复？在全班交流一下。
（2）组成的两位数中，最大的数是多少？最小的数是多少？

首先，这一材料的目标是什么？在教学实践中，发现教师们针对这一材料，预设的目标大致可以概括为两类。

第一类的终极目标为：通过本课学习，使学生掌握判断组成数个数的方法。

第二类的终极目标为：通过本课学习，使学生在经历中养成有序列举的思考习惯。

显然，两类目标预设都是体现本课时材料精神的，但不同的目标预设，就决定了课堂学习的不同侧重点。如果按第一类终极目标来作为目标预设，那么，这堂课的课堂学习其基本思路是在多组练习中概括出判断的方法，形成技巧。如果按第二类终极目标来作为目标预设，那么，这堂课的基本思路是在练习中讨论怎样才能做到不重复、不遗漏，得到体验。简言之，两类目标预设的区别在于第一类是以知识目标作为终极目标，重在知识提炼、技巧形成上；第二类是把过程目标作为终极目标，重在体验与思考习惯养成上。

从学生的发展来说，本课时的意义在于借助简单的排列组合知识，来让学生体会思考问题的时候怎样做到不遗漏、不重复，养成有序列举这么一种思考习惯。

因此，正确的目标预设是学生成功学习的基础，也为教师在学习材料的选择与进程推进上提供了正确的保证。

第二，根据第二类目标预设，本课时的学习环节以问题的形式可以作如下预设。

问题一：用8、1、4三个数字任选两个组成两位数，你能写出几个？

目的：制造认识冲突，展现学生能力基础，因为不同的学生得到的个数有差别。

问题二：（讨论）为什么有的同学写的个数多，有的同学少？

目的：分析重复与遗漏的现象，抽象出问题：为什么会出现重复与遗漏？

问题三：（研究）怎样才能做到不重复不遗漏呢？

目的：展现学生自认为可以改善重复与遗漏程度的办法，并概括为"有序列举"。

问题四：（练习）你能说出正确的个数吗？

目的：掌握有序列举的一般方法，提高思维严谨水平。

问题五：怎样又对又快地找到最大与最小的两位数。

另外，教师在预设环节的时候，同时也对该问题要求或将引起学生的学习情绪、教室的学习氛围作出的预设（见下表）：

问　题	情绪氛围
问题一	安静的（独立思考）
问题二	疑惑的（有不同现象）
问题三	激动的（有解决办法）
问题四	生动的（因为会了）
问题五	开心的（其实挺简单）

有了这样的关于情绪氛围的预设，那么教师在该环节的实际操作中，会调整自己的情绪进入该状态，并依此去推动、感染学生，让学生们进入一种思维与情绪和谐的学习状态中。

二、预设生成

预设的目的是为了让学生在课堂学习中有所生成，生成包括过程的生成与结论的生成。因此，"预设生成"可以认为是师生在学习互动中形成的过程与结论，是在教师预设的期望之中的。一堂课能否得到丰富的"预设生成"，决定着一堂课的成功与否。教师在课前研究"预设"是设想着"生成"，教师在课中则要促进"学习生成"。

这里，我们来研究教师在课堂中促进学生达到"预设生成"应注意的两个问题。

首先是生成的空间。

生成需要空间，空间是生成的前提条件。

预设生成的空间大致包括起点到目标间的空间、环节与环节间的空间、环节内问题呈现给学生的空间。这三类空间中的前两类是在课前预设的，第三类空间则需要教师在学习互动中运用自己的智慧作及时调整，有时将课前预设大的空间，根据学生实际分解为若干个小空间；有时因为学生起点优于设想的，就要将原先较小的问题空间调整为较大的。为了便于理解问题呈现的空间，我们以下面三个不同的问题来说明。

问题一：我口袋里有一个五角硬币、一个一角硬币，请问我有多少钱？

问题二：我口袋里有两个硬币（人民币），请问我有多少钱？

问题三：我口袋里有钱，请问我有多少钱？

比较三个问题可知：问题一空间太窄，答案唯一，生成太少；问题三空间太大，可以说不着边际，生成太杂；问题二则有较合理的思维空间，学生能够在这空间里进行有效的思考。

问题空间可以通过条件设置来调整，也可以通过问题分解来调整。

比如圆周长这一内容，如果在提供下列材料（如下图）后直接问学生：你有什么发现？这问题的空间就太大了。如果把它分解为如下这样几个问题，学生的学习生成就会变得不一样。

（1）观察图：哪一条线既属于圆又属于正方形？

（2）回答：这条线与正方形周长是几倍关系？

（3）思考：这条线与圆的周长也会有类似的倍数关系吗？

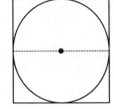

通过对这三个问题的思考，学生的学习生成就有了方向，生成质量就有了保证。

现在在课堂上经常发现有的老师让学生做一些不着边际的猜想，并美其名曰培养创造力。数学课的生成，有其基本要求，即生成必须是思考的结果。没有思考而生成的材料都应视为无效的泡沫。比如让学生回答老师口袋里有多少钱，因为没有条件设置，有的学生说老师口袋里没有钱，因为早上上班的时候老师把钱分给门口的乞丐了，老师还表扬这个学生有爱心，如此等等，这种生成材料不是数学而是作文。这是每一位数学教师应该认真把握的。

其次是生成的时间。

生成需要时间，时间是生成的必要条件。

有一次，笔者上一节研究课，课后有一位老师问笔者："我注意到×环节中，学生对这些材料都发表不出意见，学生都沉默了。这时候你没有任何提示，只让他们讨论。照理说没有答案，讨论后也不会有答案。因为0加0还等于0。可事实上，讨论了一会儿后，学生就有了许多精彩的看法。这是什么原因？"

原因其实很简单。当教师在自认为提供的材料符合学生的认知起点、设置的问题空间符合学生能力的前提下，如果学生没有形成预设生成，比较好的选择就是给他们时间。让他们讨论，只是等候他们的一种形式而已。学生没有回答，并不是0，只是没有明确该如何表达，或者在判断自己的思考是否正确而已。

数学课上比较糟糕的事是教师经常忘记自己该干什么，一看到学生没有反应，就急匆匆自己上阵，在没有预设生成的情况下帮学生操作、帮学生思考、帮学生回答，又使数学学习成为灌输学习。

分析教师给不起时间的原因是多方面的：有的是出于赶时间，有的是出于不知道思考生成需要多少时间，有的也许是教师的性格所致，等等。

人类的活动都有其特定的节奏，思维活动更是如此，有时顿悟，有时冥想。在师生互动的学习活动中，节奏太快，学生跟不上，预设生成不充分；节奏拖拉，学生容易游离于主流活动之外，预设生成同样不充分。

节奏是时间占有的艺术，教师要通过等待给学生时间，其前提是教师的课堂上有时间给，这样，就需要教师在学习活动中充分体会学生的学习状况，不要在容易理解、预设生成已经相对充分的环节上再耗时间，不要因为教师的表达不明确而引起歧义浪费时间，更不能对学生一些无学习意义的生成材料究根问底……教师在课堂上不浪费时间，学生就会感到老师的学习组织比较干净简练；教师在课堂上会耐心地等待学生，学生就不会紧张，心就会静下来，能够专注于问题的思考与活动的操作。当教师的时间掌握与学生的整体思维速度吻合时，学生就会陶醉于自己的思维活动中，学习的生成材料丰满充分，达到教师的预设要求。

三、非预设生成

非预设生成是在课堂的师生互动中，学生提供的材料，学习的思维成果，学生开展实验操作获得的结果或结论，与教师的预设相左，或意想之外而又有意义的学习生成。

在现实的数学课堂学习中，非预设生成给课堂带来的结果具有两极性——尴尬或精彩。在教师个人来说，心里都有不求有功但求无过的念头，担心非预设生成让自己在课堂上下不了台，于是就不期望非预设生成给课堂带来的精彩了。因此，教师们为了"安全"起见，一般在课堂的师生互动中采用多种手段，包括语言、眼神、脸色，以及课堂的纪律教育，或者对学生非预设的学习生成采取漠视的态度，让学生们有尽量多的预设生成，尽量少的非预设生成。久而久之，学生在思考数学问题的时候，会习惯性地思考一个附带问题，即：我这样说，老师会满意吗？我的答案是老师希望的吗？但总有个别学生是例外的，他们在思维冲动之下，不管老师高不高兴，把一些思维成果表达出来，这样，我们的数学课堂上，依然会有许多"非预设生成"。

学习中的"非预设生成"原因是多方面的，可以给教师提供许多思考。

首先，这些"学习生成"为什么是"非预设的"？是因为教师在教学设计的时候对学生了解不足，备课不充分吗？如果是这样，则要求教师在今后的备课过程中，提高对学生的研究，使教学设计更吻合于学生认知能力与学习材料的最佳结合。

其次，如何使"非预设生成"的学习成果成为激励师生提高学习互动质量的催化剂。"非预设生成"有时以行为的方式表达，有时以问题的方式呈现，有时以结果的方式存在。不论哪一种方式，"非预设生成"都会给师生带来意外的感觉。这种意外往往给学生带来探究的冲动，如果探究活动带来收获，学生就会有积极的情绪体验。因为这种临时探究与被教师预设的探究有完全不同的感受，生命的活力经常在这样的情境中让人感动。

需要指出的是：师生互动中的一些因教师失误而形成的结果，不应该视为"生成"。比如某位老师在这个班某环节用 3 分钟时间，得到相关数据。后来到另一个班上课，这个环节也用 3 分钟，不料由于环境变了，另一个班的学生比较紧张，3 分钟内达不到足够数量，得到的材料无法进行后续学习……这种结果虽然不是教师预想的，但教师只要视情况稍微延迟一分钟，就能得到足够多的数量供后续研究。因此，这种师生互动的结果不是我们所探讨的"非预设生成"。

四、预设生成与非预设生成

"预设生成"与"非预设生成"都是师生互动的结果，两者联系密切，可以说，没有"预设生成"，就不会有有意义的"非预设生成"。如果打个比方，"预设生成"是一棵树的枝干与绿叶，那么"非预设生成"就是枝头被绿叶衬托着的花果，它们相互辉映，展现学习之美。

以"简单的分数大小比较"这一内容为例，来说明"预设生成"与"非预设生成"之间的关系。

材　料	学习生成	
	过　程	结　论
预　设　$\dfrac{c}{a}$　$\dfrac{c}{b}$	略	分子相同，分母小的分数比较大
$\dfrac{b}{a}$　$\dfrac{c}{a}$	略	分母相同，分子大的分数比较大
非预设	学生提问： $\dfrac{b}{a}$　$\dfrac{d}{c}$	分子分母的差比较小的那个分数比较大

因此，可以说"非预设生成"往往是学生不满足于本课时的学习目标而对该知识作出的自主探究，这种探究冲动在课堂中得到教师支持与否，对学

生的学习发展可说影响深远。每一位教师都应在努力促进预设生成的同时运用自己的智慧，去促进更多的"非预设生成"，并及时地捕捉住"非预设生成"的智慧火花，让它绽放课堂的生命活力。

（此文发表于《小学数学教师》2004 年第 4 期）

5. 小学数学课堂学习的起点在哪里

对于小学生来说，一次完整的课堂学习可以描述为学生从他的认知起点，到课堂学习目标之间的认知发展过程。就这一过程而言，在学习目标既定的情况下，起点的选择决定着这一过程的距离长短。因此，在教师选择认知起点的时候，学生课堂学习的距离空间便被设置了。显然，距离空间过长与过短都不是好事，适宜的距离空间是学生开展课堂学习所必需的。这样，就引出一个课题，即：教师该如何选择学生的学习起点？

一、小学生课堂学习的逻辑起点与现实起点

学习起点，可以理解为学生从事新内容学习所必须借助的知识准备，比如：小学生学习异分母分数加减法，那么，同分母分数加减法与通分，这两个知识内容被看做是学生的学习起点，学生借助于通分，将异分母分数转化为同分母分数进行计算。

如果把视角局限于我们所使用的教材，由于教材本身具有相当的系统与封闭，学生学习的起点应该是明确的，因为学生所拥有的知识均来自于教师与教材，学习起点对于教师来说，只是明确的问题，无须选择。

这种起点唯一的前提条件是，学生的学习资源只有教师和教材。然而，由于社会发展的日渐信息化与学习化，小学生的学习资源正变得日益多样，其多样性主要表现在以下几个方面。

首先，小学生父母亲文化素养的提高，改善了家庭的学习生活，加上父母亲均十分乐意让孩子接触（甚至提早接触）一些文化内容，因此，学生在未从事某一知识内容的系统学习之前，往往已具备了许多零碎且关键的知识内容。

其次，小学生课外阅读材料十分普及，特别是一些具有故事情节的数学童话、益智游戏、科普作品，以及学生订阅的报纸杂志，其中均渗透了一定数量的数学知识，成为学生所面对的一大学习资源。

再者，由于学习化社会日渐成型，学生们接触了许多电视科教片、动画

片、纪录片，以及学生对网络使用频率的提高，再加上科技馆、博物馆、少年宫等文化教育场所，他们从中也接触了大量的数学信息。

可以认为，学习资源多样性在给学生带来生动丰富的学习生活的同时，给课堂教学带来了挑战。因为学习资源多样，意味着学生的知识状况对于教师来说是一个有待了解的未知数，教师与教材所提供的知识内容只是学生知识状况中一个部分而已。

鉴于以上认识，我们认为对学生学习起点的选择，在教师对学生学习提供支持的课堂学习中，具有十分重要的意义。

为了便于我们表述，我们暂且把学生的学习起点分为两类，即学习的逻辑起点和学习的现实起点。

学习的逻辑起点是指学生按照教材学习的进度，应该具有的知识准备。

学习的现实起点是指学生在多种学习资源的共同作用下，已具有的，多于教材所提供的知识准备。

举例来说，三年级学生学习"分数的初步认识"，这一学习内容的逻辑起点是整数，因此教材从分饼开始学习：

两个饼分给两位同学，每人几个？

一个饼分给两位同学，每人几个？

"半个"没法用"1"表示，于是来学习分数。这就是教材所提供的逻辑起点，从这个逻辑起点出发，学生一点一点地学习新内容。

然而事实上，学生在二年级下期能读"1/2"为"二分之一"已十分普遍。据我们对二年级下学期某班 42 名学生调查发现，在没有学习"分数的初步认识"时，每一位学生均表示从不同的途径接触过分数，但学生接触程度差别较大，超过半数学生可以正确地用分数来表示一个真分数的阴影部分，这就是我们所说的学习的现实起点。一般来说，目前我们所面对的学生，其学习的现实起点均高于学习的逻辑起点。

二、学习起点的选择对课堂学习所具有的意义

为了说明正确选择学习起点对课堂学习所具有的意义，我们以"百分数的认识"这一内容为例，作如下说明。

教师 A：

提供材料：

六年级各班达标人数

	人数	达标人数
六（1）	50	49
六（2）	52	50
六（3）	48	47

提问：你们说，哪个班达标情况最好？

教师 B：

谈话：

你们在哪些地方看到过百分数？

你们可以提供一些关于百分数的材料吗？

你能说说你提供材料中百分数所表示的意义吗？

比较上述两位教师组织学生开展学习所提供的材料，教师 A 给予学生的是学习的逻辑起点，教师 B 则在寻找学生学习的现实起点，在寻找的过程中把握住适宜的起点，两者间的差别是显而易见的。

1. 不同学习起点对教师学习组织的不同影响

今天的教师，是昨天培养的。应该说，我们教师在学习组织的时候，已经很习惯于从学生学习的逻辑起点出发，因为教材的编排都是从逻辑起点出发的，它所展现的学习过程具有条理性、科学性和可操作性，教师的学习辅导就比较得心应手，不必应对太多的学习问题。

但是，如果教师选择学生学习的现实起点，那么，一个最大的问题在于，教师将无法照搬教材所提供的学习材料，而必须在学生所占有或提供的学习资源上改造教材所提供的学习材料，而这种学习材料的调整必须在对学生学习起点的了解过程中进行，这种学习资源的整合对教师教学能力的挑战是巨大的。可以认为，学习的逻辑起点是静态的，本质上排斥其他学习资源对课堂学习的影响。而学习的现实起点是动态的、开放的，本质上容纳其他学习资源对课堂学习的影响，并以整合的方式加以促进。从这个意义上来说，选择学生学习的现实起点符合学习化社会的要求，有利于学生学习能力的可持续发展。

2. 不同学习起点对学生学习发展的不同影响

对于学生的学习而言，教师对课堂学习起点的选择取决于他对学生学习积极性的本质态度。

平时，我们经常会在课上发现一些学生，老师刚刚开了一个头，他们就会把后面的知识讲出来，结果被老师指责为破坏纪律，久而久之，学生即便懂了，也只有老老实实地跟着老师重复那个过程。显然，"跟着重复"是一种无奈的选择，结果是挫伤了学生从更多学习资源获取知识的兴趣。

要避免这种状况的发生，对策之一就是选择好学生学习的现实起点。通过调查，让学生展现他们已有的知识状况，这种知识展现对于学生来说是激动人心的，当他们把自己所认知的知识告诉同学与老师的时候，他们是在享受，享受学习给自己带来的骄傲。并且，他们会以极大的热忱，把自己所明白知识的来龙去脉，尽其所能地告诉老师和同学。这一告诉过程，既是对他自身学习进行再思考的过程，也是给其他同学以激励的过程。教师的任务，则是透过学生所反映的知识，抓住本知识内容的核心问题，再以问题的形式要求学生继续研究，给予解决。面对问题，不论是起点高或低的学生，都会争先恐后地加入研究行列，因为他们愿意享受这种因学习而带来的被重视的快乐。

因此，我们认为，教师在课堂学习组织过程中选择学习的现实起点，对于学生学习发展的积极影响至少在以下两个方面得到充分体现。

首先在于培养学生主动积极的学习态度方面。对学习现实起点的选择很直观地告诉学生，学校、教师、教材不是他们学习的唯一资源，各种资源空间是彼此开放且相融的，学校、教师、教材则是他们把所有学习资源加以整合，形成学习能力的最佳场所与促进者。

其次，教师选择学生学习认知的现实起点，有利于培养学生形成以交流与研究为特征的学习方式。现实起点形成于学生对新学习内容的认知交流，在交流过程中形成系统理解尚须解决的问题，在问题研究中达到对新学习材料的掌握，因此，这种学习模式，十分有利于学生形成以交流与研究为特征的学习方式。

从教学实践的角度看，现实起点的选择对教师自身的素质提出了更高要求。现实起点是由学习认知的逻辑起点，结合学生已有的零星知识与学习体验而形成的一个高于逻辑起点的学习平台，构建这样一个学习平台，要求教师树立与学习型社会相适应的学习观。

在学习型社会中，学习已成为一种生活，学习与生命运动密切相关。因此，学校、教师在学生学习生活中的地位将发生根本转变。为此，教师必须调整自己的学习观、教学观乃至教师的角色观，把自己主导下的课堂学习建设成为可供学生交流学习心得，整合学习资源，形成学习能力的促进平台。

奥苏伯尔曾经说过："教育心理学用一句话概括，就是知道儿童已经知道了什么。"教师对学生学习起点的选择，正是基于这一精神，是每一位富于教师责任感的教师适应教育现代化所必须作出的选择。

（此文发表于《小学数学教师》2003年第1、2合期）

6. 低头找幸福

人，是一种很奇怪的动物，捏着小拳头，哭喊着一路冲进这世界，其实根本不知道自己冲进来干什么：饿了吃，困了睡，先是听大人的话，后是听老师的话，再是听领导的话，不知不觉听同眠人的话，末了，听自己孩子的话，一路走一路听，偶尔会有许多舒服的享受，但这些舒服的享受又往往夹杂在许多麻烦与苦痛之中。因为苦痛与舒服的对比，人渐渐地明白自己在世上原来是寻找一样东西，尽管这样东西千人千样，却有同样的称呼，叫幸福。

人知道自己是来寻找幸福的，就显得有活力了。为了便于寻找，人就开始运用自己的智慧，把那种曾经给心灵的感觉赋予其可判断可比较的形质，并在各种各样的形质中又确定几种标志物，这些标志物是可变的，随着时间慢慢改变。于是，浩浩荡荡的人群便在这些由这些标志物们隔列起来的路上一路奔涌下去，去寻找心中的幸福。只是时间没有终点，人们经常在以为达到某一幸福标志时，却发现幸福已成酸楚，因为只要一抬头，前面的，依然望不到边。

于是，人们便发出许多关于人生的感慨：做官的人说无官一身轻，修行的人说人生一场空，发财的人说钱财是粪土……细细想来，人一生孜孜追求的东西，原来到最后却是自己讨厌的东西。

这是一种多么可怕的人生。

人为什么最终会憎恨自己所孜孜追求（以为能给自己带来幸福）的东西呢？如此不可思议的事情其实有一个很简单的理由：因为"追求"占去了人享用幸福的时间。但这个理由又近似悖论：幸福尚未追到，何来享用幸福？

唉，有位哲人很苦恼地说："你一说，你已经错了。"

难道幸福是不可讨论不可言说的吗？问题在哪里呢？

问题也许在于人的自以为是的聪明，把不可度量不可比较不可标志的幸福硬是简化为一个个可度量可比较的标志物。这是多么愚蠢！这种愚蠢怎么能不带来痛苦的人生呢？

一千个不同的人就有一千个不同的幸福，同一个人的一千个不同的时间里就有一千个不同的幸福，幸福是可感悟而不可追求的。

　　因此，人不是追求幸福，人是感悟幸福的。幸福不在追求的终点，幸福在起点与终点之间的每一个细节上，只是幸福的感悟，离不开一颗感恩的心。

　　当一个人行将结束其行程的时候，终于无力地低下高昂着的头，突然发现，幸福其实一直陪在左右，能不潸然泪下吗？

　　这样，我们渐渐明白，人来世上，不是来获取什么，仅仅是来体会一种叫幸福的东西。上帝让人握着拳头，是想让人低头看看，手心有什么。学会低头，看看支撑自己的土地，心存感念，于感念之中体会幸福，于幸福中谋得力量，用这份幸福的力量支撑起高贵的头颅、深邃的视界、踏实的劳作，如此不断往复，幸福，便常驻人心。

责任编辑　刘　灿
版式设计　郝晓红
责任校对　贾静芳
责任印制　叶小峰

图书在版编目（CIP）数据

俞正强：低头找幸福/王永红．—北京：教育科学出版
社，2007.11（2025.4重印）
（名师成长轨迹访谈录/郭华主编）
ISBN 978-7-5041-3949-8

Ⅰ．俞…　Ⅱ．王…　Ⅲ．俞正强—访问记　Ⅳ．K825.46

中国版本图书馆 CIP 数据核字（2007）第 156539 号

出版发行　教育科学出版社
社　　址　北京·朝阳区安慧北里安园甲 9 号　　市场部电话　010-64989009
邮　　编　100101　　　　　　　　　　　　　　编辑部电话　010-64981269
传　　真　010-64891796　　　　　　　　　　　网　　址　http://www.esph.com.cn

经　　销　各地新华书店
制　　作　北京金奥都图文制作中心
印　　刷　保定市中画美凯印刷有限公司
开　　本　720 毫米×1020 毫米　1/16　　　　版　　次　2007 年 11 月第 1 版
印　　张　14　　　　　　　　　　　　　　　　印　　次　2025 年 4 月第 20 次印刷
字　　数　217 千　　　　　　　　　　　　　　定　　价　39.80 元